DE MUJER DE LA LIMPIEZA A MILLONARIA

o

Como he utilizado la Ley de la Atracción

Jackie Tob

Copyright © 2012 Jackie Tob
Todos los derechos reservados
ISBN : 9798701560701

DEDICATORIA

Este libro está dedicado a todos aquellos que me habéis inspirado. Tiene como fin dar esperanza a todos aquellos que no están satisfechos con su vida y sus experiencias. Éste os guiará hacia las preciosas etapas de vuestro viaje terrestre que os conducirá al éxito, dejarse ir y la reconexión a todo lo divino que hay en vosotros.

Este libro es de un gran valor para aquel o aquella que ponga en práctica en su vida todos los preceptos que se os dan. A medida que vayáis leyéndolo, aprenderéis realmente a liberaros de lo que os condiciona de nuestra sociedad, a conoceros mejor y a expresar vuestra creatividad. Cuando hayáis terminado la lectura de este libro, habréis aprendido a como gestionar vuestras emociones, como desarrollar vuestra intuición y sobre todo, como crear vuestra propia realidad. Tendréis las claves y los secretos para hacer de vuestra existencia, el destino extraordinario que deseáis, y eso, en todos los aspectos de vuestra vida.

"No esperes que los hechos lleguen como los deseas, decide lo que quieras que te suceda y serás feliz" (Epicteto)

INDICE

1	La historia de una vida	Pg n° 13
2	La ley de la atracción	Pg n° 24
3	La lucidez	Pg n° 35
4	La hipnosis	Pg n° 41
5	Los pensamientos	Pg n° 46
6	El fin de la vida	Pg n° 49
7	Comienza bien su día	Pg n° 55
8	Todo pasa en el interior	Pg n° 60
9	La negatividad	Pg n° 74
10	Sois único	Pg n° 79
11	Como atraer la riqueza	Pg n° 93
12	Nuestros miedos	Pg n°136
13	La ley de la atracción y el dinero	Pg n°149
14	Vigilar vuestras palabras	Pg n°177
15	¿Por qué los bloqueos?	Pg n°186
16	La paciencia	Pg n°195
17	El perdón	Pg n°202
18	La intención	Pg n°207

AGRADECIMIENTOS

Desde lo mas profundo de mi corazón, muchas gracias:

A Lidia, a Francois, a Laura, a Florián, a Lucia

Gracias por vuestro apoyo y vuestro amor durante la redacción del libro, así como en mi vida.

Un gran agradecimiento también a Sandrine Ticman que ha sabido transcribir en imágenes la portada de este escrito.

Muchas gracias:

A todos mis lectores en búsqueda de conocimiento, a todos aquellos que han consagrado su tiempo a la lectura de este libro y que sin ellos esta obra no habría podido ver la luz.

Este ejemplar es la culminación de varios años de investigación consagrados al desarrollo personal y a la utilización de la Ley de la Atracción. Que la lectura de esta obra os aporte la alegría y la felicidad que os merecéis. Podéis hacer de vuestra vida un destino Mágico, Tengo que expresar mi reconocimiento, mi respeto y gratitud a todas aquellas personas que han contribuido a hacer este sueño una realidad.

¿PARA QUIEN ESTE LIBRO?

Si todavía estáis indecisos, si no sabéis si este libro merece ser leído, consultar las siguientes enumeraciones. Si una o varias de estas os preocupan, encontraréis seguramente las soluciones adaptadas a lo que buscáis

- Vuestra vida no ha cambiado a pesar de vuestros esfuerzos y vuestro trabajo
- No sabéis como hacer vuestra limpieza interior, pero deseáis dar mas sentido a vuestra vida
- Habéis vivido un hecho traumático y tenéis problemas para recuperaros
- No termináis de enfrentaros a todos vuestros desafíos. Estáis tristes por todo lo que pasa a vuestro alrededor y os impide sentiros bien.
- Queréis tener una vida armoniosa
- No tenéis una vida equilibrada
- Tenéis problemas de dinero
- Tenéis problemas de salud
- Tenéis dificultades con vuestra pareja
- Tenéis preocupaciones en vuestro trabajo
- No tenéis amigos
- Tenéis grandes sueños, pero no sabéis como realizarlos

ATENCIÓN AL LECTOR

Este libro no tiene la pretensión de resolver los problemas con un golpe de varita mágica, pero os aportará los conocimientos necesarios para que podáis utilizar vuestro poder de creación como la he utilizado en mi propia vida.

"Crecer es saber elegir, aprender a escuchar vuestro corazón y su alma, a diseñar su propio camino." Thierry Cohen

INTRODUCCIÓN
POR QUE HE ESCRITO ESTE LIBRO

Hola a todas y todos. Bienvenidos a mi historia de vida. Permitidme llamaros amigos míos.

No he escrito mi autobiografía con el fin de tener algo de gloria, ni por quejarme. El fin de este libro, es hacer comprender a la mayor parte de aquellos y aquellas que lo lean, el largo camino que he debido seguir hasta poder utilizar la ley de la atracción, como la he puesto en práctica y como lo he logrado después de una larga trayectoria de trampas. Este libro será beneficioso para todas las personas que tengan una mente abierta. Podrán así conseguir el máximo de beneficios. Los consejos prodigados son de un gran valor, porque permiten a todos los que lo deseen, conseguir los objetivos que se han fijado, sin importar la altura y el tamaño del objetivo.

En este caso, ha sido necesario que pasara por distintas etapas mas o menos dolorosas, largas, fastidiosas, y a veces, muy frustrantes. Pero a fin de cuentas, tan humanamente enriquecedoras, instructivo, mentalmente, emocionalmente, sicológicamente, espiritualmente y materialmente, en suma, en prácticamente todos los aspectos de mi vida. Algunos puntos son en este momento están todavía en progreso, y feliz ¡Todavía tengo muchas cosas y experiencias que vivir!

Los beneficios de mi recorrido son inmensos. Es por esta razón que he decidido compartir mis experiencias, para que cualquiera que lea este libro, pueda, ellos también, lograr todas las cosas como yo lo he hecho. Es primordial familiarizarse con la Ley de la Atracción, como lo he hecho yo mismo. A partir del momento en el que se llega a canalizarla, ¡la vida es Fascinante!

A pesar de las pruebas que a menudo me ha puesto la vida, que me llevó hasta las profundidades del infierno, estoy aquí, para dar testimonio de la Veracidad de la Ley de Atracción. Después de un largo camino, logré la mayor parte de los objetivos que me había fijado. Es por esto que siento la necesidad de acudir en ayuda de cualquiera que desee extraer una o mas lecciones.

Siguiendo paso a paso lo que voy a intentar transmitiros, las posibilidades de fracaso son ínfimas. Sí, con un pasado tan pesado, con todas estas "cacerolas" que he dejado detrás de mí durante estos años y que me impidieron avanzar, lo he logrado, entonces... Todas las personas que tengan el deseo de sacar una enseñanza del libro para ponerlo en práctica, debe obligatoriamente conseguirlo. Es tan simple como esto. No veo como podéis fracasar, a menos que cada una de las etapas no sea escrupulosamente seguida.

He querido que mi libro esté dividido en dos partes. La primera parte se refiere a lo que he vivido con todas las falsas creencias que me han inculcado desde mi mas tierna infancia. Sea por los mas próximos que me rodeaban, fuera por mis profesores, sea por mis amigos, o por el mundo que me rodeaba o mas a menudo por mi misma. Esas falsas creencias me han ocasionado grandes males en mi vida y han sido el origen de mis temores, mis miedos, mis dudas, mi stress, de mis carencias, mis experiencias negativas, de mis retos y de mis mayores penas.

Es muy importante leer la primera parte de este libro porque quiero que comprendáis que, a pesar de todas las experiencias difíciles que han jalonado mi vida, he logrado salir de esta realidad que me aprisionaba. He podido, por fin, comprender que toda persona puede crear su propia vida y el ambiente que le rodea. Sí, cada ser crea su propia realidad, conscientemente o por defecto. Por el contrario, el camino ha sido largo, difícil y doloroso. Liberarme de mi yugo, de ese peso que llevaba permanentemente en mis espaldas, una mochila tan pesada de grandes piedras inútiles, no ha sido fácil y no ha sucedido en un abrir y cerrar de ojos.

Este libro os hará ganar un tiempo precioso, porque no tendréis que tomar el largo camino que he debido seguir para triunfar.

Quiero que sepáis que, sea cual sea vuestro pasado o vuestro presente, es posible vencerle. Que lo que la mayor parte de vosotros estáis viviendo no es una fatalidad porque, ¡¡TODO ES POSIBLE PARA AQUEL QUE LO CREE!!

CAPÍTULO 1 : La Historia de una vida

He vivido en un hogar que no calificaría de pobre porque nuestras necesidades básicas han estado siempre cubiertas. Mis padres eran personas honorables: generosos, rectos, honestos y gentiles. Yo era la cuarta de seis hijos que criaron mis padres. Mi madre era ama de casa y mi padre trabajaba en una fábrica metalúrgica. A menudo salía a las cuatro de la mañana y a pesar de esto, su sueldo apenas era suficiente para pagar las facturas. En su juventud, había sido peluquero y barbero. Aprovechaba esta experiencia para traer un poco mas de dinero a casa.

Después de las horas de duro trabajo en la fábrica, dejaba su trabajo e iba a algunas familias numerosas que no tenían los medios financieros para poder llevar a sus hijos al peluquero. Allí, les cortaba el pelo a toda la familia a un precio irrisorio. Cada uno tenía su beneficio. Los padres estaban aliviados de un gasto tan costoso, los niños se sentían felices de tener el pelo bien cortado, y mi padre traía un poco mas de dinero a casa.

Por nuestra parte, veíamos a nuestro padre cada vez menos, porque el boca oreja hacía su camino y la clientela de mi padre se contaba cada vez en mayor número. Algunas veces, mi padre no cobraba nada debido a la situación angustiosa de algunas familias. A pesar de este dinero extra que entraba, los fines de mes eran difíciles.

En esta época. mis padres no recibían ninguna asignación que le permitiera un alivio en el presupuesto familiar. Los recursos se limitaban a una sola paga, y, por supuesto, era un salario básico con el que se hacían pocos milagros.

Mis padres estaban, muy a menudo, faltos de dinero, lo que evidentemente tenía una incidencia en la vida de todos los miembros de nuestra familia. Nuestras creencias con referencia a la vida y la relación que teníamos con el dinero tomaban forma y se incrustaban en nuestra mente. "¿Cómo vamos a hacer para pagar eso? Nunca tendremos suficiente... No vamos a llegar... No tenemos suficiente dinero..." Cada fin de mes era fuente de tensión, porque tenían que hacer frente a las necesidades de seis niños.

He vivido en esta atmósfera en el que nos faltaba de forma perpetua. Vivía con la angustia, las inquietudes y las frustraciones de mis padres permanentemente. Lo peor de todo esto, es que siempre he creído que era algo normal. Concluí que la vida era dura, que estaban los afortunados y aquellos otros que lo eran menos. He integrado esta creencia de que hacía falta matarse a trabajar como lo hacía mi padre para poder pretender tener con que llegar a fin de mes. Lo terrible de esta situación es que he vivido todos estos años arrastrando el peso de todas estas falsas creencias. Esperaba en vano "el golpe de suerte", "el golpe de suerte del destino" que me iba a hacer salir de esta insuficiencia perpetua y esta deficiencia crónica. Tenía la impresión, por supuesto, que en las otras casas era diferente.

Dejé de estudiar a la edad de catorce años. Empecé a trabajar en una fábrica de confección. Pensaba que si trabajaba, tendría dinero como mis compañeras. Por lo tanto, firmé un contrato de aprendizaje de dos años. Un mes mas tarde, comprendí mi error y expresé mi deseo de volver a estudiar. Mis padres fueron a ver al responsable de la fábrica para informarle, pero se negó. Presionó a mis padres diciéndoles que el contrato de dos años no podía romperse. Que si mis padres insistían, tendrían que reembolsar enormes sumas de dinero.

14

Por la fuerza de las circunstancias, seguí en la empresa en contra de mi voluntad. Ganaba tan poco dinero como aprendiza que mi situación era la misma que anteriormente. No había cambiado nada, quitando la frustración suplementaria que suponía haber dejado el colegio, lo que se añadía a mi infelicidad. Dos años de estudio para ponerse al día, lo que me parecía imposible. Cuando dejé el trabajo continué con mi vida. Estaba condenada a ser pobre. Es con esta angustia en el estómago que iba a trabajar cada mañana sabiendo que sería así durante mucho tiempo. Pero, en mi interior, sabía que podía hacer otras cosas en mi vida, que tenía un derecho de nacimiento, pero ignoraba cual.

Cuando tenía diecisiete años, mi madre se murió de cáncer. Mi vida entera se derrumbó. Tenía la triste impresión que la mala suerte perseguía a mi familia. Después de esta prueba que me pareció insuperable, continué viviendo mi vida de autómata: durante la semana en la fábrica, el fin de semana con las amigas. Estaba inmensamente frustrada y sumisa a ese destino que me parecía tan sombrío.

¡Existían en este mundo tan grande, tantas cosas tan maravillosas que ver, experimentar y descubrir! ¡Y nada de eso era para mí! ¿Por qué? ¡Yo era una buena persona! Tenía muy buenas cualidades y era inteligente. Sin embargo, tenía la impresión de no recibir nada a cambio, que toda la buena suerte a la que tenía derecho se obstinaba en escapárseme y que todas las experiencias extraordinarias no eran para mí. Sin embargo, tenía una gran fe, pero nunca la intenté utilizar para cambiar mi vida porque mis creencias sobre la vida estaban poderosamente ancladas en lo mas profundo de mi ser. Tenía la profunda creencia de que Dios me había colocado aquí, sobre la tierra, para vivir en la pobreza, la carencia, y por supuesto, no tenía ninguna otra opción que aceptar esta situación que no me convenía en absoluto. Era infeliz y estaba frustrada porque sabía que no me iba a sentir realizada.

Cuando pienso en ello ahora, era trágico razonar de esa manera, ¡incluso llegué a decir que era algo criminal! Lentamente estaba matando mis posibilidades de tener éxito, de ser feliz, de prosperar, de utilizar mi potencial ilimitado y divino, y de ir en ayuda de otros. Vivía en la ignorancia y las tinieblas. Poco a poco, vivía mi vida sufriéndola por defecto. Puesto que estaba para sufrir, entonces había que llevar el sufrimiento hasta el paroxismo. Me he arrodillado y he rezado con toda la fuerza de mi fe. He pedido a mi Creador que mis hermanos y hermanas no sufrieran durante su existencia, que fuera yo, quien lo hiciera en su lugar, que viviera sus experiencias negativas. Por lo tanto, viví durante los siguientes años bajo esa óptica y os puedo asegurar que todas mis experiencias han estado llenas de tristeza, frustración, de carencias y penas. Y como colofón, por supuesto, tenía derecho a todas las reflexiones compasivas del estilo: "Pobrecita... no tienes suerte", "Dios te bendecirá en otro momento", "Dios castiga a los que ama"...etc... Y así sucesivamente y mas.

Mi subconsciente hacía genial su trabajo. Yo atraía hacia mí lo negativo y aceptaba todo lo que me decían, por supuesto. Cada día que pasaba, cada desafío que vivía me encerraba mas y mas en mi status de víctima. Me había convertido en la víctima de la vida y víctima de los acontecimientos. Estaba encerrada, prisionera en este estado que se me pegaba a la piel y no sabía que hacer, no sabía que camino tomar para salir, puesto que, en mi mente, Dios estaba a los mandos y era Él quien quería esto para mí.

Sin embargo, en lo mas profundo de mi ser, sabía que era absurdo. Todo aquello sonaba falso y aunque lo sabía, en mi corazón, mi voluntad estaba completamente paralizada. Era como si se me hubieran inoculado una vacuna contra la felicidad y la alegría. Estaba inerte, incapaz de reaccionar y continuaba aguantando sin pestañear. Aguantar, aceptar, aguantar, aceptar... En esto se había convertido mi día a día, estaba resignada y fatalista.

16

Aceptar el sufrimiento y la mediocridad sin fruncir el ceño, era terrible. Por supuesto, tenía compensaciones en este rol de víctima porque me decía que era fuerte y valiente y eso no me dejaba indiferente, sentía una especie de satisfacción, evidentemente. Era imperativo, que honrara la imagen y la opinión que la gente se hacía de mí y la etiqueta de mujer fuerte y valiente con la que me habían etiquetado. De hecho, me doy cuenta ahora que sufría una presión sicológica considerable. A pesar de todo, seguía siendo optimista y sonriente.

Después de la muerte de mi madre, continué con mi vida de "zombi". La semana de trabajo y sueño, el fin de semana, los amigos y amigas. Un día, estando amargada de esta vida que me parecía sin sabor, decidí no salir mas y retomar mis estudios de arqueología porque era una apasionada de las piedras antiguas y la historia. Un sábado por la tarde, una amiga, se inquietó porque no me había visto, vino a llamar a mi puerta para invitarme a salir. Inicialmente me negué, pero ante su insistencia, cedí y me encontré rodeada por mis amigos. Fuimos a bailar y allí, conocí a un joven muy simpático con un encantador acento italiano. Nos volvimos a ver y seguimos juntos. Ese día, sin saberlo, dije adiós a la arqueología. De hecho, ese joven tan amable y tan agradable era pura y simplemente un gran perverso narcisista.

Con él tuve dos magníficos hijos, pero, aunque nunca sufrieron violencia física, vivieron bajo la violencia sicológica constante lo que les ha dejado secuelas.

Con él, fui humillada, mi autoestima llevada a lo mas bajo, golpeada, y sin embargo, estuve siete largos años con este torturador. El terror era algo cotidiano. Hasta la noche en la que llegó con un arma blanca, diciendo que quería degollarnos como corderos a los niños y a mí. Terminé esa noche en el hospital, mis hijos en casa de nuestros vecinos y él en comisaría.

El amor que sentía por mis hijos, mi instinto de supervivencia y la toma de consciencia de lo que me había convertido desde que le había conocido, me dieron el valor y la fuerza mental para poder salir de este calvario y de la influencia que tenía sobre mí. Me fugué lejos, tomando los caminos secundarios llevando solo mis papeles, algunos vestidos y los juguetes de mis hijos, que tenían entonces, seis y tres años.

Mi padre nos habría acogido a los tres con los brazos abiertos, pero el primer lugar donde mi marido habría ido a buscarnos sería exactamente allí. No teniendo trabajo, no sabía donde ir. Por consejo de una asistenta social, me refugié en un centro que por aquel entonces se llamaba "hogar para las mujeres maltratadas". Era un trampolín para recuperarse y tener otro enfoque en la vida. En este establecimiento, disponía de un estudio, vivíamos con estrecheces, pero vivíamos en un clima de seguridad. Desde el momento que franqueábamos el gran portal, el miedo me invadía, hasta el punto de que me daba la vuelta, asustada cada vez que escuchaba pasos rápidos detrás de mía.

En este hogar, solo habitaban mujeres y niños que habían sufrido violencia. El ambiente era extremadamente pesado, a pesar de que había un personal extraordinariamente competente, y el hecho de compartir nuestras experiencias negativas, realmente no nos ayudaba, pero sentíamos la necesidad. Mi sentimiento de miedo estaba tan interiorizado, que nos quedamos ocho meses.

Cuando me sentí preparada, nos concedieron un apartamento fuera del hogar de acogida. Estaba situado en un barrio que no era el mas adecuado, pero sabíamos que sería temporal y la vida había vuelto a la normalidad. Vivimos en esa época con escasos recursos.
Hice distintas prácticas, para ponerme al día... Incluso fui pintora de brocha gorda.

Después de tres años, nos mudamos a un gran apartamento, en un buen barrio, muy bien arreglado. Después encontré un buen trabajo a dos pasos de mi casa. Pero en el fondo, seguía estando insatisfecha. No era este exactamente el tipo de vida en el que podía desarrollar por completo. Hablaba cuatro idiomas y quería que esto fuera una ventaja. Por lo tanto, decidí alejarme de mi zona de confort, a pesar de las advertencias de mi entorno. Ignoré sus consejos, que me hacían sentir incómoda, me hacían dudar de mi decisión y estudié formación comercial. Después de estos estudios, obtuve un título equivalente a una Diplomatura. Al final de mis estudios en la escuela de comercio, encontré un empleo como técnica comercial con una muy buena remuneración. Según mi facturación, a veces doblaba y a veces triplicaba mi sueldo.

Pero había un problema, por supuesto, y era de grande, dudaba de mí misma y de mis competencias permanentemente. Lo que me impedía avanzar como hubiera deseado. Por supuesto, mi nivel de vida había mejorado, pero no llegaba a alcanzar el nivel superior, el nivel de mis sueños. Después de cuatro años de trabajo intenso, decidí cambiar de región e instalarme en una zona mas soleada. Comencé a trabajar en una magnífica compañía que vendía publicidad a nivel internacional, tenía un buen sueldo, me gustaba mucho esta empresa y estaba bien considerada.

Mi doloroso pasado me parecía algo que había dejado muy atrás. Mi hija conoció a un chico con el que empezó a salir. Ella tuvo un hijo con él, pero se separaron. Sentí pena por esta situación, pero el bebé era la alegría de la casa, una bendición del cielo.

Cuando la pequeña tenía ocho meses, mi hija conoció a un joven bueno en todos los aspectos, sus padres tenían una gran reputación en la región, eran muy amables, maravillosos, generosos y acogedores. ¡Esto me hacía estar muy feliz por mi hija y mi nieta! Me decía, "Ha tenido suerte, su futuro está asegurado."

Decidieron casarse rápidamente, demasiado rápido según opinión de mi hijo. La fecha del enlace se aproximaba, y decidí trabajar durante las vacaciones. El dinero que ganara serviría para regalarles un maravilloso viaje de novios. En el sobre que les entregué, había una estancia en un gran hotel con todo incluido, destino Cuba. Mi futuro yerno ni siquiera me lo agradeció y eso me desconcertó. Después de la ceremonia de matrimonio, la situación empezó a cambiar y a degradarse. La pequeña nos hacía entender que sufría violencia y mi hija solo me lo contaba en secreto, el comportamiento de su marido y de sus suegros era muy diferente puertas a dentro que el que mostraban ante la sociedad.

Por lo tanto, mi hija llevó a la pequeña a ver a un especialista. La verdad salió a la luz, y la conclusión a la que llegó el grupo de maltrato, compuesto por varios médicos y sicólogos era, sí, mi nieta era víctima de violencia. Durante muchos años batallamos en los tribunales, finalmente, decidieron la separación. Las víctimas se convirtieron en verdugos y los verdugos se consideraron mártires. Durante algunos años, sicológicamente, no nos llegábamos a alejar de aquellas personas, era abominable, eran parte integrante de nuestra vida. Estábamos atrapados bajo su control sicológico y nuestra vida se había convertido en un infierno.

Mi hijo lo sufrió en primera persona. Para él, aunque no había participado, esta historia le había aniquilado. Tenía veintidós años y tenía todo de su parte, era bueno, inteligente, generoso, altruista... Era bueno y un hombre de bien. A pesar de las vicisitudes de la vida, esta experiencia nos había dejado a todos literalmente deshechos, pero algo aún peor nos esperaba.

Debido a mi trabajo, durante la semana viajaba a la otra punta del país. Acababa de dejar mis maletas en la habitación del hotel, cuando la pareja de mi hijo me llamó diciéndome que mi hijo había querido poner fin a vida. Llamé al hospital, pero la enfermera no me quiso decir nada por teléfono. Sus palabras resuenan todavía en mi cabeza: "Será mejor que venga". Yo le pregunté: "¿Está muerto?" Su respuesta no dejaba ninguna duda en mi mente. "Será mejor que venga." Las personas del hotel se quedaron atónitos. Se negaron a que cogiera el coche y que condujera sola toda la noche. El hombre me llevó hasta el aeropuerto, ningún avión hasta el día siguiente, por lo que cogí el tren. No tengo ningún recuerdo del viaje en tren, estaba en un estado de semiinconciencia. Cuando de madrugada llegué a mi destino, ante mi devastado y titubeante ritmo, el resto de viajeros debieron pensar que estaba borracha de buena mañana. Mi hija me esperaba al principio del andén.

Bajo la presión constante que mi familia sufría, (puesta en cuarentena por nuestros amigos comunes, críticas, insultos, reflexiones aceradas, miradas de odio y el acoso sicológico permanente), mi hijo, no pudiendo soportar mas toda esta persecución había puesto fin a su vida.

Mi dolor era inconmensurable y total. Rezaba para que la tierra se abriera a mis pies y me tragara. Un día, en Inglaterra, mientras que conducía mi vehículo, sentí un dolor emocional tan intenso y tan poderoso que me vi haciendo equilibrios sobre un hilo. Sabía que si no me recuperaba, existía la posibilidad de que me volviera loca. Ahora entiendo a las personas que han perdido a un ser querido y que pierden la razón. Estaba colgando de un hilo.

Creo profundamente en la vida después de la vida, me hice la firme promesa de que intentaría no llorar mas para no afectar a mi hijo que estaba al otro lado de la travesía y tomé la decisión de dejar de trabajar para poder quedarme cerca de mi familia.

21

Por lo que he dejé en internet un escrito durante un cierto tiempo. El ambiente era bueno, lo que me ayudaba a avanzar. En mi línea, había un hombre que se llamaba Chrsitian que me ha hecho llegar una película que se llamaba "El Secreto". La vi y la encontré genial, pero la guardé en un cajón donde se quedó durante un largo período de tiempo.

Habiendo dejado de trabajar y habiendo disminuido mis ingresos, éstos eran insuficientes, por lo que busqué un empleo cerca de mi domicilio. Fui contratada como mujer de la limpieza en un instituto. Estaba muy agradecida porque el trabajo me permitía ganar algo de dinero. Me levantaba muy pronto, a menudo a las cuatro de la mañana y por la tarde ayudaba a un par de personas mayores que adoraba y esto era recíproco. Trabajaba a un ritmo frenético cuando recordé esa famosa película "El Secreto". En ese momento, estaba preparada, estaba completamente de acuerdo, por lo que decidí formarme en el campo del desarrollo personal. Estaba en plena búsqueda de mí misma y esta película, muy bien hecha, hablaba y describía la ley de la atracción. La mayor enseñanza de este film era que la ley de la atracción, que es una ley universal, quiere que lo que se parece, se una. En otros términos, atraemos hacia nosotros lo que es igual a las vibraciones que emitimos, y nuestra vida es el reflejo de todo aquello en lo que pensamos.

En ese momento preciso, toda mi vida pasó por delante de mi mente. Si lo entendía bien, era responsable de todas mis experiencias vividas, tanto las buenas como las malas. Había atraído hacia mí todas las tristezas, penas, frustraciones, desgracias y también las alegrías, risas y cosas felices que me habían pasado… En mi cabeza, estaba el caos y era impensable para mí creer y pensar un solo segundo que había "atraído" todas estas cosas y que había influenciado de alguna manera en el desarrollo de los sucesos de mi vida.

Este pensamiento era realmente insoportable. Ni siquiera me atreví a imaginar que había sido la guionista de mi propia existencia, de esta vida tan dura que había vivido hasta el momento. Me había faltado mucho valor y fuerza mental para no hundirme en mi propia culpa. Si todo esto era verdad, no me debía dejar ahogar por la autoculpabilidad o la autoflagelación.

Por supuesto, siempre supe salir a flote, pero mi ser se acababa de abrir a nuevas verdades, hacia percepciones de la vida que ignoraba hasta el momento. De golpe, todo me parecía fácil. Solo hacía falta pensar en positivo para experimentar emociones energizantes, visualizar la vida que deseaba vivir y darle la vuelta a las cosas. Pero una batalla feroz entre yo y yo misma acababa de empezar. Un gran trabajo interior se iniciaba.

Ahora que mi mente estaba abierta a nuevas posibilidades infinitas, no podía contentarme con lo que estaba viviendo, no podía vivir mi vida de forma predeterminada, debía pasar a la velocidad superior. Deseaba mejorar mi vida, así como la de los otros seres queridos y las de todas las personas que tendría el privilegio de encontrar en mi camino.

CAPÍTULO 2: La Ley de la atracción

La ley de la atracción significa que podéis, de forma deliberada, ser el creador de lo que deseéis ser o tener, en vuestra experiencia física. La ley de la atracción os abre las puertas del conocimiento ampliado. Todos los pensamientos se atraen como un imán. Si miráis un imán, solo atrae lo que se le parece. El imán está hecho de metal, por lo que atrae a los otros metales. La ley de la atracción es una ley sencilla, universal e inmutable. Es extremadamente poderosa y se puede resumir así: Lo que se parece se atrae. Nadie mas que tú atraes a tu experiencia lo que te está sucediendo.

Todos conocemos distintas leyes universales, por ejemplo, la ley de la gravedad. Nadie tendría la idea de cuestionar esta ley. Igual con la ley de la gravedad, la ley de la atracción existe tanto si creéis en ella como si no, tanto si la aceptáis como si no. La ley de la atracción influencia vuestra vida lo queráis o no. Estudiando esta ley, comprenderéis por que y como vivís y atrae todo lo que os sucede en vuestra existencia. Vosotros sois los creadores de las cosas que pasan todos los días. Y comprendiendo esta ley, llegaréis a ser libres de elegir la vida que deseéis y las experiencias que querréis tener. Y es en ese momento preciso que podréis probar y vivir el verdadero poder.

Se trata de un despertar, de un conocimiento de vuestro ser interior. Debéis entender que sois seres maravillosos, no debéis dejaros denigrar, ni autosabotear. Estudiando la ley de la atracción, comprenderéis por que se produce todo lo que os pasa. ¿Cuántas veces os pasado querer algo y no recibirlo o no desear algo y conseguirlo? A partir de ese momento, la no entendéis nada, culpáis a los demás, a las circunstancias, a la vida, etc…

Después de la incomprensión, llega la frustración. Debéis encontrar la llave que os permita tener una vida feliz, una vida en la que vuestros sueños y experiencias se hagan realidad.

En este momento ya os habréis hecho algunas preguntas existenciales. ¿Por qué estoy aquí? ¿Cuál es el fin en mi vida? ¿Cómo puedo ayudar a los demás? Vuestra vida tiene un objetivo ¡Encontrad vuestra misión en la vida! Hay mucha frustración y confusión cuando no estáis de acuerdo con lo que sucede en vuestra vida, no estáis de acuerdo con quien sois realmente. El ser humano tiene la necesidad de realizarse por completo. Si no es el caso, estáis en un caos intelectual, mental, sicológico, material y espiritual. Vivís en un mundo de una gran diversidad, y si no lográis la realización personal, eso os ocasiona mucha insatisfacción.

El ser humano busca crecer, pero el problema, es que la búsqueda es exterior a sí mismo, cuando todo lo que tiene que hacer es mirar dentro de sí. Todas las personas pueden tener acceso a este conocimiento y a esta verdad que emanan de nuestro corazón y que están escondido en lo mas profundo de nuestro ser.

Debéis por tanto conocer y estudiar la ley de la atracción para atraer todo lo que deseáis. Para ello debéis entenderla y entrenar para utilizarla. Vuestros pensamientos tienen un poder magnético y gracias a ellos, todos vuestros deseos y todas vuestras intenciones se cumplirán. Cuando dominéis esta ley, no os sorprenderá lo que os suceda, ni decepcionados porque sabréis por que está sucediendo.

Para utilizar correctamente la ley de la atracción, se deben seguir tres etapas importantes.
- Primera etapa. Desearlo ardientemente
- Segunda etapa. Creer deliberadamente
- Tercera etapa. Recibir

Nosotros somos los creadores de nuestra vida, y no hay ninguna humillación, pero la mayor parte de nosotros ignora todo sobre esta ley. La mayor parte desarrollan su vida por defecto y es lo que yo hice durante muchos años. Todos somos imanes poderosos.

Seguramente conocéis "el dinero llama al dinero". Lo dije mas arriba, la ley de la atracción es extremadamente poderosa y todas estas palabras que utilizáis cotidianamente no son en vano, si no que están verificadas por las experiencias, Inconscientemente sabéis que los refranes son verdad. Cuando os levantáis por la mañana "con el pie izquierdo", cuando la jornada comienza mal, pensáis naturalmente que el resto del día debe ser igual a como os habéis levantado.

Un pensamiento es el que atrae a otros del mismo signo, si pensáis en algo agradable, otros pensamientos agradables os vendrán a la mente. Cuanto mas positivos son vuestros pensamientos, mas constructivos serán los siguientes. Y es aquí cuando se pone interesante, en efecto, cuanto mas pensamientos positivos mayores serán las emociones agradables que estarán unidas. Se puede hacer un ejercicio muy interesante. Buscad en vuestro pasado experiencias agradables que os llevaron a emociones que os permitieron llegar a un estado de bienestar, este tipo de pensamientos tiene un poderoso poder de atracción. Hay una correlación absoluta entre lo que se piensa, lo que se dice, y lo que se vive. Los pensamientos son importantes, pero lo que sin duda se atrae es como nos sentimos y por eso es primordial estar bien consigo mismo, amarse, apreciarse y sobre todo aceptarse tal y como es cada uno.

Siempre debes sentiros cerca de vuestros sentimientos. No existen mas que dos tipos de pensamientos, los pensamientos positivos y los pensamientos negativos. Cuando os sentís bien, es porque experimentáis emociones agradables y positivas.

Al contrario, cuando os sentís mal, podéis estar seguros al cien por cien que vuestros pensamientos y emociones son negativos. Debéis ser fieles a vuestro barómetro interior porque no se va a equivocar jamás. Alejaos de los pensamientos que atraerán las experiencias negativas, como os he dicho, sois un imán y atraeréis a vuestra vida aquellas cosas que son similares a vuestros pensamientos, y a las que prestáis atención. Es por esto que debéis prestar atención a todo lo que pensáis.

Para resumir, vais a recibir lo que deseéis en cada momento, y también recibiréis lo que no queréis. ¿Por qué? Porque en los dos casos, estáis centrados en vuestro objeto de deseo, o en su ausencia.

Todo lo que creéis y pensáis, si creéis en que lo vais a conseguir, lo recibiréis. "Pedir y recibiréis, creed y recibiréis." Algunos de vosotros sabéis de que hablo. Ninguna experiencia, ninguna circunstancia, ninguna persona puede entrar en la vida de otra sin haber sido invitada. No deseo herir a nadie diciendo esto. Evidentemente nadie desea en su vida la infelicidad, las malas experiencias, las enfermedades ni las penas. Algunos dirán, "¡Pero si no he pedido nada de esto! ¡Yo nunca he deseado estar enfermo! ¡No he querido perder mi trabajo!" Estoy de acuerdo con vosotros, yo tampoco he deseado nunca ninguna mala experiencia de las que me han pasado a lo largo de mi vida. ¡Cuidado! Algunos sucesos pueden ser independientes a nuestra voluntad, como por ejemplo, la muerte de un ser querido.

Desde el momento en que he conocido la ley de la atracción, no he tenido la pretensión de saber todo, pero entiendo porqué he vivido todo lo que he vivido. Sé que inconscientemente los he atraído y sucede lo mismo con vosotros, sin quererlo, atraéis vuestras experiencias. Si os sentís pobres, no podéis atraer la riqueza, va en contra de la ley de atracción. Os voy a dar un ejemplo, alguien tiene mucho miedo a que le roben la bicicleta, por lo que convierte en una obsesión.

Un ladrón quiere a toda costa una bicicleta. Juntas se crean una situación sin ser conscientes ni el uno ni el otro, ambos son cocreadores. Sus pensamientos son magnéticamente atraídos los unos hacia los otros. Cada uno está "satisfecho" porque ha recibido lo que había pedido, uno piensa en lo que quiere y el otro piensa en lo que no quiere. Cuanta mas importancia se le da a un pensamiento mas posibilidades tiene de concretarse, desde el momento en que aprendéis a dirigir vuestros pensamientos hacia las cosas positivas que deseáis y que queréis conseguir, vuestra vida será fabulosa. Conseguiréis el conocimiento y el poder para hacerla mágica.

Es importante aprender a crear el mundo de vuestra elección y tenéis que aceptar que sea igual para los demás, debéis aceptar sus creaciones. Vuestros pensamientos tienen un poder magnético que atrae aquellos, los unos hacia los otros. La comprehensión de la ley de la atracción os permitirá guiar vuestros pensamientos para atraer las experiencias que queráis.

Algunos dirán que deben prestar mucha atención a todos sus pensamientos del momento presente. Se convencerán que es casi imposible dominar todos sus reflexiones. Es verdad que al principio todo esto parecerá desconcertante y difícil y es evidente que aprender a dominar sus pensamientos no se logra en un día. Es por esta razón que hay que seguir algunos métodos para aprender a dirigir con exactitud vuestros pensamientos. No es tan complicado y existen métodos de los que os hablaré posteriormente.

El simple hecho de pensar no atrae nada especial sobre lo que centráis. Lo importante es no permitir las vibraciones bajas en todo lo que añadáis en vuestra mente. Podéis ver las noticias en la televisión sin tener que sentir obligatoriamente emociones negativas y así, no atraeréis las circunstancias que no deseáis.

28

Dejar de hablar de vosotros mismo, porque si continuáis discutiendo los unos con los otros, a medida que se produzcan estas conversaciones, vuestra energía cambiará y vuestros sentimientos negativos se harán cada vez mayores y es de esta manera que os acabaréis por implicaros emocionalmente. Es por tanto lógico, según la ley de la atracción, que atraeréis este tipo de experiencias allí donde habéis puesto vuestra atención. No atraeréis en especial lo que habéis visto en las noticias, pero circunstancias similares a las emociones que habéis sentido, vuestras vibraciones ataren lo que deseéis y lo contrario.

Yo hice la elección deliberada de no adherirme a las experiencias de los otros si no me convenían. Me diréis que son las experiencias de otros, no las vuestras, y que probablemente las han atraído por defecto, sin tener consciencia. Dirigid mas bien vuestra atención hacia lo que deseéis y ver que os sucede en vuestra vida. ¿No es mas agradable atraer a las personas que nos conviene con sus buenas experiencias? Puesto que sois cocreadores, además de compartir la creación con los seres que tienen la misma visión de las cosas que vosotros y el mismo nivel de vibraciones. Cuando esperáis que sucedan ciertos hechos o situaciones, cuando estas se concretizan, no os sorprenden. Cuántas veces habéis dicho, "sabía que iba a pasar, no me creías, ves, te lo había dicho". Pero, por supuesto, ¡lo sabíais! Porque inconscientemente, lo habíais programado. La Madre Teresa de Calcuta dijo una vez. "si os manifestáis contra la guerra, no me llaméis, pero si camináis por la paz yo estaré allí". La Madre Teresa de Calcuta había entendido que no hace falta gasta nuestra energía para combatir lo que no queremos, si no para apoyar lo que deseamos. Reflexionad.

Cuando pensáis en las cosas y le ponéis emoción, se dispara vuestra creación. Esto es verdad tanto para las cosas que queréis como por aquellas que no deseáis. Los medios de comunicación nos martillean los oídos con sus malas noticias, las guerras, los accidentes.

Los robos, los crímenes, las catástrofes, las enfermedades... Todas estas informaciones se acumulan en nuestro cerebro. Si fijáis vuestra atención en todo esto, las emociones negativas de miedo, generadas por estas informaciones, os dirigirán hacia fines no deseados en vuestra vida. Debéis buscar buenas noticias, aunque sea en la televisión, en la radio, en las revistas (existen excelentes programas, reportajes, películas...). Debéis también prestar atención a la música que escucháis, porque en caso contrario, dejaréis la puerta abierta a todo lo que ésta os transmite. Estáis literalmente inundados, bombardeados por todas las malas noticias que pasan en el mundo, es allí donde reside la mayor trampa. Es lo que se llama creer por defecto. Ya no sois los responsables de vuestras creaciones desde el momento en que dejáis a los otros que lo hagan, en vuestro lugar. Cuanto mas miedo tengáis, mas pensaréis en todas las cosas negativas o dramáticas que habéis visto, mas atraeréis a las circunstancias que os permitirán encontraros en el mismo estado emocional que en vuestra experiencia de vida. La manera mas simple de saber si estáis empezando a crear cosas que no queréis, es darse cuenta y fiaros de vuestras emociones. Porque si hay algo en lo que debéis de tener una total confianza y en la que os equivocaréis nunca son vuestras emociones, deben ser lo que os guíe. Si os sentís bien, estáis en el buen camino, pero si os sentís mal, es porque no habéis escogido un buen itinerario y así como activáis vuestro poder de atracción, como un imán, es así de simple. Desde el momento en que pensáis en algo, es un proyecto de creación y empezáis a atraerla a vuestra vida, no hay ninguna excepción a esta regla.

La combinación de pensamiento, palabras y emociones producen vuestra propia realidad. Dejad de pensar en las cosas que no queréis y estas cosas no llegarán a vuestra vida. No habléis tampoco de esto, porque el simple hecho de hablarlo, incrementa considerablemente vuestro punto de atracción porque cuanto mas habléis, peor os sentiréis.

Entonces, decidir hablar solo de los temas que sean agradables y es a partir de este momento que empezaréis a creer intencionadamente. Cuando comprendáis la forma en la que atraéis vuestras experiencias y como las atraen los otros, ya no volveréis a estar tristes como antes.

Cuando veáis la televisión, si veis cosas que os parecen negativas, alejaos y dejadlas a un lado en lugar de continuar alimentando los sentimientos que os dirigen a la ley de la atracción en la dirección que no deseáis. Tened solo la intención de atraer lo que queráis y preparad el camino de vuestro futuro. Cuando os habituéis a funcionar de esta manera, cuando hayáis aprendido a dominar vuestros pensamientos o la mayor parte de vuestros pensamientos para dirigirlos hacia donde queréis, vuestra vida comenzará a cambiar y crearéis una nueva realidad. Ya no estaréis atraído por los medios de comunicación, los periódicos, las revistas, hacia aquello que os produce terror, si no que os dirigiréis vuestra atención hacia los temas que decidáis.

Si ponéis vuestra energía en rechazar aquello que no queréis, el universo os va a devolver aquello en lo que os focalizáis, ya sea positivo o negativo. Cuanto mas tiempo paséis en concentraros sobre algo, mayor es la fuerza de atracción que ejercéis, de hecho, recogeréis aquello en lo que habéis pensado. Si pensáis en algo malo atraeréis el mal, si pensáis en el bien atraeréis el bien. Evidentemente, ¡cada pequeño pensamiento no se ejecuta al instante y de positivamente! Normalmente tenemos unos sesenta mil pensamientos al día, imaginaos si todos estos pensamientos se hicieran realidad, sería inmanejable. Algunos de vuestros pensamientos llevan tiempo en llevarse a cabo y solo aquellos pensamientos que se acompañan de emociones ataren emociones parecidas.

Si os concentráis durante bastante tiempo en una idea, es completamente seguro que os sucederá, no importa cuales sean las circunstancias.

Con la ley de atracción, si os concentráis conscientemente sobre un objeto de vuestro deseo, es una cadena de pensamientos que se agregará al pensamiento inicial, haciéndola mas fuerte y mas poderosa. Así la cosa sobre la que habéis puesto el foco se manifestará mas rápidamente. Concentraos sobre unas pocas cosas y rechazad las cosas que no son importantes pasa vosotros. Esto os evitará perder energía y atraer cosas que nos habéis elegido. Esto es lo que llama creación deliberada.

No seáis escépticos. Que creáis o no, la ley de la atracción existe realmente y os propongo que la pongáis en práctica. No tenéis nada que perder y todo que ganar. Mirad vuestra vida, estudiar vuestros pensamientos y remarcar si no habría una causa efecto, ved la correlación entre lo que habéis pensado y las experiencias que se han manifestado hasta el momento en vuestra vida. Comenzad a utilizar la ley de la atracción en vuestro beneficio y no en vuestro perjuicio. Porque os recuerdo, todo el mundo atrae lo que le sucede.

Por ejemplo, si vuestro objeto de deseo es un descapotable, imaginároslo en vuestra mente, sentir la satisfacción de tenerlo y la felicidad por conducirlo. Cuanto mas penséis en ello mas emoción sentís y volvéis a pensar en el descapotable. Mas pensamientos positivos tendréis sobre este coche, mas rápido llegará a vuestra experiencia de vida. Así es, este famoso descapotable ha sido creado en vuestro pensamiento, por lo tanto existe. En el momento presente solo tenéis una cosa por hacer, esperarlo sin dudar y sin impaciencia. La espera se debe hacer con fe y con alegría, atención, a veces sois vosotros mismos los que os autosaboteáis vuestra creación.

Cuando decís quiero un coche descapotable, la creación está de camino. Pero cuanto mas reflexionáis, mas os parece inaccesible, entonces os decís, "es demasiado caro, no es posible".

¿Sabéis qué? ¡Acabáis de cancelar vuestra creación! La primera parte, la de la creación, era correcta, la segunda, la de la anulación es la que hay que revisar y trabajar. No os lo creeréis, no lo esperaréis, entonces, ¿cómo queréis que os suceda? Fiaos siempre en vuestras sensaciones y cuando penséis en el objeto de vuestro deseo, os debéis sentir cómodos. Por el contrario, si pensáis en lo que os falta de vuestros deseos, obligatoriamente os sentiréis mal.

Si queréis mas dinero, si pensáis y focalizáis en las cosas que deseáis, que podríais tener pero que no tenéis, el dinero se aleja de vosotros. Lo alejáis inconscientemente. Existen ejercicios que podéis hacer para ayudaros a atraer las cosas mas rápido. Podéis coger una hoja de papel y escribir en ella las cosas que queréis. Anotad a continuación las razones, por que deseáis esta o aquella. Debéis escribir todo lo que os venga a la mente, hasta que no encontréis nada mas que escribir. A partir de ese momento, el proceso se desencadena.

Después escribid en el mismo folio, "sé que voy a conseguir todas estas cosas y aquí están las razones", haced lo mismo que anteriormente, dejadlo un tiempo y escribid todo lo que os venga a la cabeza y todas las razones por las cuales estáis seguros de que las vais a conseguir lo que habéis pedido. De esta manera, con la segunda parte, os refuerza de nuevo, sea cual sea vuestra creencia, y si os centráis en la obtención de vuestro objeto de deseo. Pero recordar que esta espera debe ser algo que os cause felicidad.

Los dos puntos esenciales en este proceso son, pedir y recibir. Es así de sencillo. No hagáis una lista interminable de cosas que deseáis.

Acordaos, vuestros pensamientos son magnéticos, absolutamente todos los pensamientos son creadores, pero conviene hacer una advertencia. Los pensamientos que no estén acompañados de emociones, no se materializarán rápidamente, esto es lo que se refiere.

Solo les pensamientos que os toquen emocionalmente de manera positiva o negativa, traerán el objeto de vuestro deseo. De ese modo, experimentaréis las cosas por las cuales sentís emoción o por las que habéis vibrado. Cuanto mas explícitos sean vuestros pensamientos, mayores posibilidades de que sean parte de vuestra experiencia de vida. Por ejemplo, cuando miráis las noticias, veis imágenes impactantes, dramáticas, y a veces violentas, En ese momento, vuestros pensamientos toman el poder y se mueven hacia el lado negativo, a partir de ese momento, estáis en el proceso de creación. Vuestras emociones que se vinculan a esas imágenes os ponen de mal humor, veis las cosas de forma negativa como que no os pueden pasar. Os decís, "las cosas pasan al otro lado del mundo" por lo que, vuestras emociones negativas se quedan estancadas. Pero si alguien os dice que un vecino es a quien le ha pasado, entonces empezáis a reflexionar, después a darle vueltas. Cuanto mas pensáis en ello y mas malestar os cree, peor serán las emociones que sentís. Poniéndolo en el lado de los sentimientos, este género de emociones negativas se transforman en experiencias que se sitúan en la misma frecuencia que las vibraciones.

El proceso de crear y saber que esto sucederá es extremadamente poderoso. Este equilibrio es la clave de la creación deliberada. Si deseáis ardientemente algo y ponéis toda vuestra energía positiva, pero no creéis en él, la ecuación será fallida. Os faltará un ingrediente para que la receta funcione. Habréis ya escuchado numerosas historias en las que unapersona esbeltaparasalvar a una persona atrapada en un tractor ha logrado, con una fuerza diez veces superior levantar la rueda del tractor para liberar al herido gracias a su voluntad extrema. Con la fe todo es posible, solo es necesario creer.

CAPÍTULO 3: La Claridad

Cuando recibís facturas, y mas facturas, es cuando os empezáis a preguntar como las vais a poder pagar, hacéis las cuentas en vuestra cabeza, y os dais cuenta de que no tenéis suficiente dinero, entonces estáis empezando a crear una situación de necesidad. Os centráis en la falta de dinero, por lo que atraéis que os falte dinero. Si os sentís pobres, entonces no podréis atraer la riqueza. Creáis la falta de dinero porque vuestras acciones y vuestras decisiones de forma inconsciente están en correlación con vuestro afán de falta de dinero. Debéis tener una visión muy clara de lo que queréis porque es esencial tener objetivos muy precisos. Tomad el tiempo para determinar con precisión lo que queréis conseguir. Si no dais una dirección exacta a vuestras ambiciones, estaréis condenados a errar sin un objetivo. Quizás tendréis éxito y construiréis una carrera, pero no tendréis ninguna satisfacción. Viviréis con un sentimiento desagradable y frustrante por no haber cumplido vuestros deseos, e iréis en la mala dirección. Cantidad de personas no saben poner algo de claridad en sus objetivos y tienen dificultades para comprender la importancia de esta etapa en la ley de atracción. Aunque la gente piense que tienen claras sus intenciones, solo se contentan con decir, "quiero ganar mas dinero, voy a crear mi propia empresa". No hay ninguna claridad en esto, el objetivo debe ser claramente definido y medible. Si tenéis una brújula, ésta solo os mostrará la dirección, mientras que si estás sobre la Torre de Pisa, por ejemplo, estáis un lugar preciso. Esta es la diferencia entre una dirección y un lugar bien definidos. Es ahí donde reside el pleno poder de creación deliberada.

A veces os puede parecer que no estáis a la altura. ¿Os sentís culpables? ¿Os sentís en deuda con alguien? ¿O es que queréis ser aquel o aquella que los otros quieren que seas? O aun, ¿os comparáis con oros? Es verdad que, en nuestra sociedad, se nos ha inculcado ciertas creencias de culpabilidad, de no estar a la altura, que no nos merecemos ciertas cosas... Estas creencias nos han sido transmitidas y pueden abocarnos a grandes dosis de angustia y puede, a veces incluso, llevarnos a la desesperación. Conscientemente, todo el mundo quiere estar bien, pero nuestro inconsciente nos dirige, diciéndonos que nos debemos quedarnos según la imagen que se espera de nosotros o transmitimos, hay dejar de mentirse.

¿Queréis ser realmente felices? La primera respuesta que se nos viene a la mente es evidentemente "¡sí! Incluso utilizando el método Coué que consiste en mirarse en el espejo alagándose tan a menudo que lo podemos hacer durante el día (lo que está bien), haceros verdaderamente la pregunta delante del espejo, "¿realmente quiero ser feliz?" para la mayor parte de las personas, la respuesta es, "¡no! ¡No quiero que las cosas vayan bien!" Es mas fácil quedarse instalado en la zona de confort. Decirse, "no es culpa mía después de todo, los culpables son mis padres, los profesores, mis amigos, los medios de comunicación, el gobierno..." Eh, ¡si! Es mucho mas fácil apartarse uno y culpabilizar a los otros de nuestra infelicidad, de nuestros males, de todo lo que nos sucede. Es mucho mas cómodo ir de víctima, así podremos recibir la atención y aprobación de los otros. ¡Dejad a un lado vuestros dramas y no os aferréis mas a ellos, dejad de hacer que existan, de darles poder en vuestra vida una y otra vez! Parad de decir que hacéis todo lo que podéis y que no es vuestra culpa.

Hay una salida a esta forma de pensar y de ver las cosas de esta manera.

Nuestro mayor miedo no es no estar a la altura, si no ser conscientes de que somos seres poderosos mas allá de nuestros límites, tomar consciencia de nuestra propia luz, que es lo que mas nos asusta.

Hay que empezar por hacer pequeñas cosas, lo mas importante para vosotros es tomar consciencia, ser conscientes de vuestro potencial y aprender a conoceros realmente. No debéis centraros en la imagen que los otros esperan de vosotros. Daos cuenta de quien sois y para lo que habéis sido creados. Mostraos como si todo fuera posible porque no sabéis lo que es posible o no. ¿Vais a tener éxito al hacer esto o aquello? ¿Sois capaces de hacerlo? ¿Estáis 100% seguros de que no seréis capaces? Haceros esta última pregunta y veréis, vuestra respuesta es obligatoriamente "sí, puedo hacerlo" porque en lo mas profundo de vosotros mismos, sabéis que es posible.

A veces, el ser humano debe vivir situaciones insatisfactorias o dolorosas. Todo esto no es debido si no al azar, para crecer, el hombre las necesita. Esto es parte de la progresión y el aprendizaje, hay dos soluciones para abordar estas pruebas. Ya sea dejarse superar por el sufrimiento, o sacar la cabeza de fuera del agua, debéis saber que vivir experiencias difíciles no es necesariamente negativo. Hay que dejar de lado las certezas porque ignoramos el funcionamiento de la mayor parte de las cosas. Relajaos un momento y deciros, "no sé nada".

A partir de esta reflexión, abriréis la puerta a todas las posibilidades y conocimientos. No es necesario querer siempre tener la razón, porque todas las falsas creencias son las que crean nuestros límites. Habéis escuchado decir, por ejemplo, "las cosas son así" o "la sociedad es catastrófica" o "no se puede hacer nada, es así y es todo…"

No esto no quiere decir absolutamente nada, no son mas que creencias o programaciones erróneas y esta reacción es de hecho la reacción de una víctima. Algunos se consideran como una víctima de Dios, de sus padres, de sus vecinos, de su jefe, de los hechos, de la mala suerte... Es mas fácil decir, "no es mi culpa". Así se declaran víctimas y no responsables.

Cada uno hace de su vida la experiencia que desean, esto no es un problema en absoluto, pero no esperéis tener las experiencias de creación y de creador si continuáis alimentando esta creencia y comportamientos como víctimas.

Os lo digo porque es lo que hice durante muchos años. Cuando comprendéis como funciona, ya no hay ninguna excusa válida. Cuando uno se dice por ejemplo, "no puedo hacerlo porque tengo demasiados años", "no puedo hacerlo porque no tengo dinero", "no puedo porque tengo hijos"... Por supuesto que estas excusas pueden frenaros y probablemente son ciertas. Pero conozco a personas que han cambiado su vida siendo mucho mas mayores que yo, habiendo empezado sin dinero, y actualmente son millonarios. También conozco a muchas personas que tienen hijos y que han conseguido sus objetivos, el mayor peligro es dejarse convencer de que no es posible. Sabed, por tanto, que al menos una persona en la tierra, viviendo en las mismas condiciones que vosotros, lo ha podido hacer. Tenéis la completa libertas de contaros una historia que habréis elegido y hay dos posibilidades. La primera es reaccionar como Santo Tomás y decir, "solo creo lo que veo", la segunda es darle la vuelta a la idea y decir: "Veo lo que creo". Vosotros sois los responsables de ver lo que creéis y vivir lo que habéis elegido y decidido creer.

Todos nosotros estamos hechos de energía y debemos aprender a manejarla.

Imaginaos que estáis en proceso de aprovisionaros de ella y dominarla, imaginaos todo lo que vais a poder hacer, imaginaos todo lo que vais a poder crear a vuestro alrededor. Es sencillamente maravilloso porque vuestra mente es realmente poderosa. Jesús dijo, "buscar y encontraréis, pedid y se os dará..." Los físicos cuánticos, han empezado a interesarse por la materia y han encontrado la energía. Al fin y al cabo, la energía y la materia son la misma cosa, no son mas que formas diferentes de un mismo elemento, se podría comparar a el agua y el vapor. Por lo tanto, han descubierto que nuestros pensamientos actúan sobre la materia.

He tenido la ocasión de leer el documento y ver imágenes sobre investigaciones hechas por el señor MasaruEmoto que ha puesto en evidencias algunas cosas. Con la ayuda de su equipo, MasaruEmoto ha puesto a punto un método de observación mediante la fotografía, de los cristales de agua, helados. Ha descubierto la riqueza con la que el agua se expresa. M Emoto y su equipo han descubierto que los cristales son diferentes según la proveniencia del agua. Cuanto mas pura es el agua, mas harmoniosos son los cristales que se forman, pero cuando el agua es estancada o sucia, los cristales son oscuros y amorfos. Uno de los investigadores de equipo ha tenido la idea de poner música, para ver si esto tendría alguna incidencia sobre el agua.

De esta forma han descubierto que el agua era sensible a la energía del pensamiento, de la música y de los sonidos. Resultó que las vibraciones emitidas por las palabras como "amor" u "odio", modifican la apariencia y la consistencia de los cristales. M. Emoto dijo: "estos cristales están llenos de lecciones a aprender sobre la forma que deberíamos y debemos vivir."

Los pensamientos y emociones que se envían sobre un vaso de agua provoca cristalizaciones que son totalmente diferentes. Con un pensamiento sobre el amor, los cristales son magníficos, mientras que con un pensamiento negativo o destructivo, los cristales son completamente diferentes. No puedo dejar de pensar en las repercusiones sobre nuestro cuerpo, cada vez nos dicen cosas horribles o hirientes, teniendo en cuenta que el ser humano está formado en un 70% por agua. Imaginad lo que provoca sobre vuestra salud física o síquica el oír música o imágenes violentas o degradantes. Todos vosotros tenéis el poder de parar este tipo de agresiones y redirigir vuestro ser. Os invito a hacer búsquedas en internet a propósito de este descubrimiento. Hay fotografías de cristales muy significativos, artículos, y videos en internet y es absolutamente apasionante. El pensamiento afecta a nuestros cuerpo, es un hecho cierto y sin ninguna duda. MasaruEmoto dice: Lo que sabéis que es posible en lo mas profundo de vuestro corazón es realmente posible. Lo hacemos posible con nuestra voluntad. Lo que concebimos en nuestra mente se convierte en nuestro mundo y no es mas que una de las innumerables cosas que el agua me ha enseñado."

Habéis escuchado hablar de los estudios y los tests hechos sobre varios grupos de enfermos, la ciencia ha probado que un placebo puede desencadenar un proceso de curación real. Por ejemplo, un grupo de cien personas es elegido al azar, el medicamento de verdad se le da a la mitad de las personas, y a la otra mitad, se les distribuye un placebo. Las cien personas que componen este grupo piensan que les ha tocado el medicamento, y sin embargo, ¡un porcentaje muy elevado de pacientes que han tomado el placebo se curan!

CAPITULO 4: La hipnosis y el lenguaje

Podemos ver también que la hipnosis trata sobre el estado de la persona. Siendo un estado en el que se modifica la consciencia, se acepta la información y la persona actuará en consecuencia. La hipnosis permite salir del comportamiento habitual con un estado de consciencia modificado. Si quien la practica lo hace bien podrá desbloquear el sistema que habéis implementado desde hace años con falsas creencias. Os pondrá en contacto con vuestro inconsciente (el área que lo sabe todo mejor que vuestro consciente) para utilizar sus recursos y conocimientos. Debéis aprender a preguntar, establecer una intención y dejar a Dios, al Universo (poco importa en quien creéis) intervenir o de alguna forma hacer que se cumpla vuestro deseo. Esta etapa es a veces complicada porque la mayor parte de las personas quieren manejarlo todo. Para que lo comprendáis mejor, os voy a dar un ejemplo. Cuando vais a un restaurante, el camarero os pregunta que deseáis. Vosotros le hacéis la comanda, e incluso, le describís exactamente lo que deseáis. Es la primera etapa y es en esto en que consiste vuestro primer trabajo: PEDIR. Lo que significa pasar vuestro pedido al Universo, todo el mundo lo sabe hacer porque todos lo hacemos a lo largo de todo el día. Después dejar hacer al camarero, debéis tener confianza en él, porque sabéis que ha escuchado vuestra petición y no debéis tener ninguna duda. No seguís al camarero hasta la cocina para verificar lo que os va a traer. Este es vuestro segundo trabajo, LA CONFIANZA. Después de un espacio de tiempo de espera mas o menos largo, siguiendo lo que habéis pedido, el camarero os hace entrega de vuestra petición. Y es cuando ésta llega, vuestro tercer trabajo es RECIBIR. Esto parece muy sencillo, ¿verdad? Y sin embargo, en su ignorancia, millones de personas viven su vida por defecto. Esperan que algo suceda y no saben que pueden crear sus experiencias de vida en toda consciencia.

Hay que estar atentos a todo lo que suceda a vuestro alrededor y vivir intensamente el momento presente. Todos nosotros tenemos dos partes, el consciente y el inconsciente que debemos conectar. Nos debemos alinear para restructurar y reconstruir, las creencias se plantean en la mente y se convierten en realidad. Por ejemplo, si alguien os dice algo u os muestra algo, este mensaje está integrado y lo recibirá el subconsciente, a continuación, reaccionaremos en consonancia con esta u otras creencias. Si son buenas, tanto mejor, pero si son negativas, es mejor desprogramarla de vuestro inconsciente para reemplazarlas por nuevas creencias que os convengan mejor o que estén mas mejor armonía con vuestro ser profundo.

La hipnosis es realmente un excelente método para desprogramar las creencias que están bien implantadas en vuestra mente desde hace muchos años. Cuanto mas antiguas sean, mas se habrán convertido en formas habituales de pensar y reaccionar. La hipnosis permite sugerir al subconsciente que hay muchas otras posibilidades. En efecto, solo porque creemos firmemente que algo no es así, y que nada se puede cambiar, que es necesariamente la verdad, hay un campo infinito de posibilidades. Lo que deseo haceros entender, es que cuantas mas creencias tengáis, vuestras reacciones estarán de acuerdo con vuestras creencias, tomaréis vuestras decisiones en función de esta programación y haréis vuestra experiencia real. ¿Qué es lo que os puedo decir sobre esto? Reflexionar un instante. Si creáis vuestra realidad según vuestras creencias, cambiándolas, podéis crear vuestra existencia a vuestra elección. Podéis vivir la vida que habéis soñado, solo crearéis situaciones alegres, de felicidad, de prosperidad, de plenitud, y esto, sin importar la esfera de vuestra vida.

Vosotros sois un ser libre y poderoso y ¡sois creadores! Para aquellos que son creyentes, Dios ha dicho, "he creado al hombre a mi imagen".

42

Dios es libre, poderoso y es un creador. Nosotros nos hemos encarnado con un fin bien preciso, todos nosotros tenemos una misión y cada uno debe encontrar su objetivo. Vuestro poder es inmenso puesto que podéis hacer realidad vuestras ideas. Debéis ser conscientes que vuestros pensamientos atraen vuestras experiencias. Si pensáis que sois quien dirige el barco, piénsalo de nuevo, porque no es si no vuestro consciente quien dirige vuestro barco, pero vuestro inconsciente es quien os dirige, yo diría al 99%. Es por esta razón que os hace falta desprogramar por completo todas las antiguas creencias implantadas en vuestro inconsciente según la educación que habéis recibido. Todas estas creencias negativas deben ser reemplazadas por completo por nuevas. Por ejemplo, es bien conocido que si un padre dice a hijo que es idiota, este niño adoptará un comportamiento de idiota, lo que hará decir al padre, ves, te lo he dicho, eres de verdad idiota. Las consecuencias serán que el subconsciente del niño, para estar en armonía y de acuerdo con lo que se le dice, adoptará subconscientemente las actitudes de un idiota. Por supuesto, esto le hará sufrir, pero se debe mantener de acuerdo con su imagen. Porque no solo los externos le consideran un idiota, pero su propia imagen de la que se nutre, la que ha adoptado es la de un idiota, y para sobrevivir, debe obligatoriamente seguir con esta etiqueta. Durante toda su vida, va a programar su comportamiento según lo que le han dicho o lo que habrá pensado de la opinión que tengan sobre él. Mas tarde, cuando desarrolle su comprensión, cuando haya tomado consciencia de quien es realmente, comprenderá que no eran mas que tonterías, de falsas verdades y deberá extirpar de su inconsciente estas falsas creencias. Por desgracia, cuantos de entre nosotros tendremos consciencia de estas verdades. Espero que no sean muchos. ¿Cuántas vidas, potencialmente desperdiciadas a causa de esta falta de conocimiento? Las falsas creencias desperdician vidas, bloquean la felicidad y la alegría. Espero de todo corazón que este libro os permita tomar consciencia de estas cosas. Gracias a internet, el conocimiento se difunde por todas partes en el mundo, y cada vez mas y mas personas toman consciencia de sus poderes.

Lo que quiero haceros entender, es que con las palabras, tenemos el poder de elevar pero también tenemos el poder de destruir. Prestad atención a la forma en la que habláis a vuestros hijos, a vuestra familia y amigos y a otros, porque esto puede tener una incidencia considerable en su vida.

Todos debemos aprender a contener nuestra lengua, porque puede edificar o demoler. Para ilustrar esto, os voy a contar la fábula de la legua de Esopo, fabulista griego.

Esopo era un esclavo frigio, su maestro Xantus, que pretendía agasajar a algunos de sus amigos, le pidió, un día de mercado, que comprara todo lo mejor que encontrara. "Yo te enseñaré, dijo para sí el frigio, por precisar lo que deseas, sin dejarlo a la discreción de un esclavo". Solo compró lenguas, que preparó para todos los platos del banquete: en el entrante, el segundo, los postres, todo estaba preparado con lengua. Los invitados primero elogiaron la elección de este ingrediente, pero al final estaban asqueados.

- ¿No te había pedido, dijo Xantus, que compraras todo lo mejor?

- ¡Eh! ¿Qué hay mejor que la lengua? Respondió Esopo. Es lo que une a la vida civil, la llave de las ciencias, el órgano de la verdad y de la razón, por ella han luchado las ciudades y tenemos la policía; instruye, persuade, reina las asambleas y nos descarga de nuestros deberes, que es alabar a Dios.

44

- ¡Bien! Dijo Xantus que pretendía atraparle, cómprame mañana lo peor que encuentres, estas mismas personas vendrán a mi casa, y quiero cambiar un poco.

Al día siguiente Esopo volvió a servir los mismos platos, diciendo que la lengua era la peor cosa que había en el mundo.

"Es la madre de todos los debates, lo que nutre los juicios, la fuente de todas las divisiones y las guerras, Si se dice que es el órgano de la verdad, es también la del error, y, peor que esto, es la de la calumnia. Por ella se destruyen ciudades, se convencen de cosas malvadas. Si por un lado se alaba a Dios, por otro se profieren blasfemias contra su poder.

Moral. Debemos saber dominar nuestra lengua y existe un dicho muy juicioso que dice, "antes de decir cualquier cosa, gira siete veces la lengua en la boca."

CAPITULO 5. Los pensamientos

Tenéis que saber que el ser humano está constantemente emitiendo pensamientos. Emite una frecuencia, que, en función de sus creencias y condicionamiento, atrae una realidad. El inconsciente crea sin parar y el objetivo es revertirlo para que no sea el inconsciente el que dirija, si no que el consciente tome el poder. Solo es de esta manera con la que podréis crear vuestra nueva realidad de forma consciente, para esto, dejad de ser víctima de vosotros mismos. Si vuestras creencias sobre vosotros mismos, vuestro ambiente, sobre los otros son buenos, guardarlos y alimentarlos lo mas posible. Por el contrario, desembarazaros de todos aquellos que os hacen sufrir y que os hagan sentir mal, acordaros que son responsables de muchas de las cosas que os suceden. Es primordial ser consciente. Debéis ser responsables y reconocerlos porque sin esto, el cambio no va a ser posible. Yo viví una experiencia extremadamente difícil cuando yo misma fui consciente de que era yo quien había atraído y creado mis experiencias y ninguna otra. Había tenido tantos aprendizajes negativos en mi vida que esto me parecía verdaderamente complicado e imposible de creer que fuera la responsable. Siempre es culpa de los otros. Dios, el Universo, los padres, la mala suerte, las circunstancias, el gobierno, los otros... Pero, ¡yo nunca! ¡Yo no era mas que una víctima! Y de victimización en victimización, atraía y creaba las situaciones de una víctima, hasta que un día mi mente se abrió y comprendí que tenía un inmenso poder de creación. Ese día, tomé la decisión de tomar posesión de todos mis poderes y retomar el control de mi vida. Quería volver a ser la capitana de mi propia nave. Esta decisión iba a cambiar el curso de las cosas. De víctima, pasaba a ser lo que soy ahora: UN SER LIBRE Y CREADOR. Por fin me había liberado porque comprendí que yo misma me estaba enfermando en esta "prisión". Por lo que, si era así de poderosa para crearme situaciones de esclavitud, era igual de poderosa para crear experiencias de riqueza y libertad. Cada mañana y cada noche antes de dormir, me decía que todas estas creencias erróneas que estaban en mi inconsciente se borraran para dejar sitio a todas mis nuevas programaciones. Esto suponía, por supuesto nuevos comportamientos y nuevas situaciones de acuerdo a mi nueva consciencia.

Os aconsejo y os exhorto a hacer lo mismo y a seguir el mismo esquema, preguntaos regularmente si todas las programaciones erróneas que sean responsables de tal o cual comportamiento sean simplemente borradas de vuestro inconsciente. Unos pocos segundos al día serán suficiente, pero los resultados son extraordinarios y esto os permitirá dejar de seguir comportándoos como víctimas. No os contentéis nunca con las "cosas que os caigan encima". La mayor parte de las personas viven con miedo, con culpabilidad y a veces deprimida. Entiendo que para algunas personas es imposible pensar que son ellas mismas quien programan de forma inconsciente este tipo de situaciones y tomar consciencia de que son el origen de lo que experimentan. Pero sabed que, sin embargo, cuando sois conscientes de que sois los responsables de situaciones desagradables, de vuestras enfermedades, es entonces cuando, podéis modificarlo y recuperar vuestra libertad. Sois capaces de crear de forma consciente o por defecto, ¡es entonces cuando podéis hacer vuestra elección! Sabiendo que cuando creéis conscientemente, sois poderosos, pero que si creáis por defecto, os convertís en una víctima. Es importante saber que el ser humano crea sin parar, cada segundo, y en su ignorancia, crea cosas que no les conviene. Entonces, desde el momento actual, elegid crear en plena consciencia y no hagas como todas

47

esas personas que pasan toda su vida esperando, que son esclavos de su vida y que la viven por defecto. Es horrible quedarse esperando, retomad rápidamente el timón de vuestra vida.

CAPITULO 6. El objetivo de la vida

Estamos aquí sobre la tierra con un objetivo concreto, el de vivir las experiencias físicas en un mundo físico. Debe ser cada uno de vosotrosel que tiene que encontrar el por que ha creado. Somos seres en constante evolución y nos encontramos aquí para crecer y ser felices. Es importante que cada uno de vosotros comprenda quien sois realmente, y ser conscientes de lo maravilloso y el inmenso potencial que hay en cada uno de vosotros. Vosotros sois seres maravillosos y vuestro objetivo al estar aquí, sobre esta tierra material es crecer y ser mas feliz, desarrollarse y la plenitud. Hay algo grande y sabio en todos vosotros y vale la pena ir a buscarlo en lo mas profundo de vosotros mismos para poder exteriorizar vuestro desarrollo, vuestro propio bien y el de los otros.

Cada uno de los talentos y los dones que poseéisson diferentes,al igual que cada uno es único. Cada persona puede aportar algo a este mundo, sabed que es importante, ver vital, estar siempre de acuerdo con vosotros mismo. Si vuestras acciones están en contradicción con vuestro ser profundo se produce un desequilibrio, una desarmonía, que dará lugar a malestar y a veces una enfermedad. Confiad siempre en vuestros sentimientos. Lo que está en lo mas profundo de vuestro ser no se puede equivocar, A veces, algunas personas bien intencionadas os darán consejos, es importante escucharlos, pero son vuestros sentimientos los que los harán diferentes. Los consejos dados, probablemente a menudo con amor, con cariño, pueden estar adaptados a la persona que los ha dado, pero no obligatoriamente a vosotros. Vuestro ser interior lleno de sabiduría es una guía para vosotros, podéis llamar a esto consciencia, el sexto sentido, el alma... Poco importa el nombre que le deis, es real. Y cada uno de vosotros, lo sepáis o no, lo creáis o no, estáis dotados de ese poder, de tal forma que cada vez que sintáis un sentimiento positivo o negativo, vuestro ser mas profundo os lo hace entender. Gracias a vuestras emociones, sentiréis que estáis o no en el buen camino, sabréis con seguridad que estáis a punto de crear algo que os conviene o que no os conviene.

Me diréis entonces, ¿qué tengo que hacer?¿Qué medidas puedo tomar para no tener mas este tipo pensamientos negativos? ¿Hay alguna solución? Por supuesto que hay soluciones. Puesto que estáis pensándo permanentemente, si descartáis uno o mas pensamientos, vuestra mente no puede estar vacía, la tendréis que llenar con mas diligencia. Cuidar vuestra salud mental, porque cuando un pensamiento negativo llegue, dirigid inmediatamente vuestra atención hacia algo positivo. Es como si estuvierais barriendo vuestra casa y dejarais todas las ventanas abiertas en medio de una tormenta de arena, vuestra casa sería devastada. Un consejo, no luchéis contra los malos pensamientos porque cuanta mas importanciales deis, mas resistentes se harán. Aceptarlos, barredlos y reemplazarlos porotros positivos y pensamientos que os hagan bien y os permitan ser mejores.

No olvidéis nunca, sois como un imán que, con su fuerza magnética atrae el metal. Esto es aun un misterio a los ojos de la física, pero la ciencia es capaz de describir con precisión lo que sucede, es a lo que dais importancia lo que atraéis hacia vosotros. Por ejemplo, si os sentís gordos, os es imposible atraer la delgadez, si sentís que os falta el dinero, jamás podréis atraer la riqueza, si os pesa la soledad, os será difícil atraer a vuestra alma gemela. Es lo mismo para la salud o el resto de cosas.

Estar siempre atentos a vuestro sistema de guía interior, de tal forma que cada vez que sintáis una emoción negativa, sabréis que estáis a punto de crear una situación que no os conviene. Desde que percibáis que vuestros pensamientos se dirigen en dirección opuesta a lo que queréis, parad y retomad inmediatamente el control de vuestros pensamientos para llevarlos allí donde los deseéis y hacia donde queráis. Debéis siempre acordaos que sois como un imán que atrae permanentemente, con una fuerza magnética poderosa. Esta es la ley de la atracción. No podéis atraer lo contrario de lo que pensáis. Es por eso que es tan importantey porque insisto tanto en el hecho de que es imperativo ser el maestro de vuestros pensamientos. Tendréis la impresión de que me estoy volviendo loca, que repito las mismas cosas, pero lo hago con un fin bien preciso, porque todo esto es de gran importancia.

En lo que concierne a las cosas que deseáis firmemente, debéis pensar con resolución. Poned toda vuestra energía y concentración, con una intención real y profunda, después creed que vais a recibir. Cuanto mas tiempo paséis pensando en lo que deseáis y mas las emociones en lo que queráis estén presentes. Sabréis en ese momento, que acabáis de iniciar la creación. Vuestro siguiente trabajo será esperar con alegría y anhelo lo que os tiene preparado. Si sois impacientes, que esa impaciencia sea alegre como si esperarais el regalo de Navidad cuando erais pequeños. Así, como sabéis con certeza que vais a recibir vuestro regalo de Navidad, sabéis que el objeto de vuestro deseo se materializará en vuestra vida. ¿Por qué?

51

Porque habéis pensado con emoción a través de vuestras emociones positivas. El hecho de que penséis en algo desata el comienzo de la creación. Pero cuando pensáis con emoción, atraéis las cosas mas rápidamente. Sois el único creador de vuestra vida, por lo que,en vez de vivir vuestra vida por defecto, convertíos en maestro y cread libremente. Estad seguro quede esta manera,vuestra vida será muy diferente, mucho mas fácil, alegre y feliz. Cuando utilicéis conscientemente la ley de la atracción, llegaréis a controlar la mayor parte de lo que sucedaen vuestra vida, porque habréis comprendido que cuando pensáis en lo que no queréis, también lo atraéis.

Existe una creencia errónea que os han contado desde siempre, que nos hace creer que cuando tenemos mucho no habrá suficiente para los demás,no hay nada mas falso. No hay ningún límite a la abundancia en el universo y hay suficiente para todo el mundo. Estar seguros, hay suficiente para todos, tenéis el poder de atraer todo lo que queráis, sin importar el momento. A partir del momento en que comencéis a utilizar la ley de la atracción, os será mas fácil atraer la abundancia y esto en todos los aspectos de vuestra vida. En efecto, atraeréis vuestra experiencia de vida, las personas que están de acuerdo con vuestras creencias, la salud, la prosperidad y el éxito en vuestros negocios. Aprendéis a llenar vuestras lagunas. ¿No es fantástico?

Es importante saber aceptar que los otros también tienen el poder de crear. Pueden elegir diferentes experiencias que no siempre serán de vuestro agrado. La mayor parte de la gente solo ven imperfecciones en los otros, pero con la ley de la atracción, aprenderéis a ver lo bueno que hay en los otros,

52

porque habréis aprendido a concentraros en lo que es bueno, sin importar las circunstancias. Aprenderéis también a apreciar al otro tal y como es, y cuando os encontréis en una situación o con una persona negativa, no le prestaréis atención. Tendréis otra visión de la vida, os gustará mas y veréis, que maravilloso es tomar vuestras decisiones de forma consciente. Así os convertís en el dueño del juego, dais órdenes y os obedecen, así es la ley de la atracción. Probablemente conocéis a Aladin que encontró la lámpara mágica, la frotó para limpiarla y apareció un genio. Ese genio salió y le dijo, "tu deseo son mis órdenes". Con la ley de la atracción, es exactamente lo mismo, tenéis acceso al poder del universo utilizando el poder de la ley de la atracción. Sois creadores y cocreadores. ¡Apreciaréis realmente este poder!

Ponéis en marcha en el momento presente porque todo el poder reside en el momento presente. Cuando penséis en ello añadiendo vuestras emociones, creáis vuestro futuro, acordaos que vuestras emociones tienen un gran poder magnético. Si deseáis literalmente cambiar el curso de vuestra vida, debéis asociar pensamientos y emociones, porque los pensamientos sin emociones no tienen mucho poder. ¡Y afortunadamente! ¡Imaginad que todos vuestros pensamientos se concretan! Sería una verdadera ruina y todos estaríamos irritados por decirlo suavemente. Los pensamientos acompañados de emociones son los mas poderosos, si pensáis siempre de la misma forma, solo mantendréis lo que ya habéis creado. Si deseáis cambiar las experiencias que son parte de vuestra vida, debéis combinar pensamientos y emociones apasionadas. Vivid vuestra vida con entusiasmo y ardor. Sois un imán y debéis elegir el tipo de imán que queréis ser, ya sea un imán que atrae lo negativo o que atrae lo positivo, el objetivo de este libro es ayudaros a convertiros en un poderoso creador de vuestra vida con la ayuda del

53

universo. Cuando mejoréis los aspectos de vuestra vida, la salud, las finanzas, las relaciones familiares, vuestro bienestar general, así como vuestra confianza en vosotros y en la vida. Vuestro objetivo es sentiros bien, y esto, sin importar las circunstancias ni el momento.

CAPITULO 7: Comienza bien el día.

Os animo a comenzar vuestro día de una forma optimista. Programadlo como queráis que sea. Durante todo este maravilloso día que la vida os brinda, sed receptivos, mirad a vuestro alrededor y no os detengáis en las cosas que no están en sintonía con vuestro ser interior. Reunir el máximo de información positiva, y haciendo esto cada día, tendréis la costumbre de ver solo lo que os conviene y lo que os aporte emociones positivas. De esta manera tendréis siempre una corriente y un impulso positivo y siempre estaréis inclinado a crear lo que deseéis, al principio, no os impacientéis. No os digáis, "los otros sí que lo consiguen, pero yo no, no es para mí, no me lo merezco, son bobadas, no sé cómo hacerlo…" No dudéis jamás de vosotros mismos, ni de vuestro poder de creación porque vosotros sois seres extraordinarios y maravillosos. Aprended como funciona la ley de atracción, este es el objetivo de este libro, será suficiente que pongáis en práctica estas enseñanzas, tened confianza en vosotros, en la vida que os ha tocado vivir. Vuestra única intención debe ser buscar las cosas que osgustan y determinar lo que queréis realmente.

Cada uno de vosotros ha tenido una vida y experiencias diferentes, cada uno de vosotros sois únicos y todas vuestras experiencias son preciosas. Incluso si vuestra vida no ha sido satisfactoria hasta el momento, ahora que habéis conocido la ley de la atracción, debéis utilizarla. Os doy un ejemplo. Tuve la ocasión de conocer a una persona magnífica, pero uno de sus hijos se suicidó.

Después de esto escribió un libro llamado "Cansada de este mundo." Pascale Morice habla de su experiencia con su hijo. Este libro ha ayudado a una gran cantidad de personas que han vivido o están viviendo la misma situación. Después de esto, colaboró con la creación de una casa para adolescentes cuyo fin es ayudarles para evitar estos sucesos. He aquí una maravillosa forma de hacer que una experiencia tal, como la muerte de un hijo, sirva para salvar la de otros. Gracias a esta mujer maravillosa, decenas, si no centenares de jóvenes, tienen la posibilidad de continuar viviendo y aprender o reaprender a amar la vida. Gracias a ella, gracias a sus iniciativas, los padres no tendrán que vivir el duelo y el dolor ocasionados por la muerte de un hijo. Después de esta gran prueba, supo salir adelante, rechazó que la pérdida de un hijo no sirva para nada, ni para nadie. Ella hizo de esta experiencia dolorosa una ocasión para servir a los demás. Aprendió a transformar todos los aprendizajes de la vida en competencias.

Como las palabras tienen un poder tan poderoso, solo puedo aconsejaros que las escojáis antes de pronunciarlas. Ya no diréis, por ejemplo, "no se puede tener nada sin sufrir, todas las cosas buenas tienen fin, hay que trabajar duro para conseguir las cosas..." Es lo mismo para todas las otras falsas creencias a propósitos del dinero, "el dinero es sucio, nos volvemos deshonestos cuando tenemos dinero, el dinero no crece en los árboles, no soy Rothschild..." En lo que respecta a vuestras relaciones y vuestra confianza en vosotros mismos, sucede lo mismo, evitad todas las frases hechas a las que estáis habituados o que habéis escuchado a los otros deciros. Cada vez que pronunciáis este tipo de frases, se asocia una imagen automáticamente a la palabra, creando así una emoción y un anclaje, así, os reencontráis sistemáticamente con las emociones que os faltan.

Vuestro subconsciente no sabe ver la diferencia entre lo que es real y lo que le queréis hacer creer. Aprender a visualizar vuestros deseos, a sentirlos como si fueran reales, y sobre todo, como si se hubieran hecho realidad. No viváis situaciones hipotéticas negativas y dejar de ser el guionista de vuestro propio drama. Cuando vivís lo que sucede en vuestra mente, es como si los vivierais realmente, en efecto, todos los ingredientes, todos los datos para concretizarlos y la materialización de la situación están presentes. Os sugiero, por lo tanto, tener una visión muy clara de los que queréis (Clarityispower, la claridad es el poder). A menudo os falta claridad en vuestros deseos, por ejemplo, hace años, necesitaba un vehículo y mis finanzas no me permitían comprarme uno nuevo.Así que recurrí a los vehículos de ocasión, deseaba mas que ninguna otra cosa un 4X4. Así que me dispuse a hacer funcionar la ley de la atracción.hojeando los anuncios clasificados, encontré un 4X4 gris, con el interior de cuero y que parecía nuevo. Para mí era magnífico y además, se adecuaba perfectamente a mi presupuesto. El coche estaba muy lejos de mi casa, pero esto no tenía ninguna importancia, porque había encontrado el coche de mis sueños. Llegué a un acuerdo con el vendedor y le compré el coche entusiasmada. En dos años, el número de reparaciones me costaron el precio de un coche nuevo. El hecho es que, en mi deseo no había sido suficientemente explícita, solo había pedido un 4X4 y fue lo que obtuve. Ahora sé que habría debido formular mi deseo de forma distinta, habría debido simplemente pedir, por ejemplo: el color de mi elección, la marca del vehículo, el kilometraje, que el motor estuviera bien, al igual que el 4X4. Por supuesto, la ley de la atracción habría funcionado perfectamente, había pedido un 4X4 y lo había conseguido, pero había perdido mucho dinero, me costó muy caro. Aprendí, gracias a esta onerosa experiencia, como conseguir exactamente lo que deseaba y en el momento presente sé cuanto de imperativo es ser claro y lo mas preciso posible en todo lo que deseemos obtener.

Estad siempre atentos a todo lo que sentís y dejaros llevar por vuestras emociones constructivas en la dirección en la que deseéis ir. Todo esto solo necesita práctica y cuanto mas practiquéis, mas expertos seréis, y vuestra vida se convertirá en mágica.No atraigáis hacia vosotros situaciones o personas que no estén de acuerdo en lo que os habéis convertido. A medida que creáis, afinaréis mas y mas y evolucionaréis de forma natural hacia la realización de vuestro ser mas profundo. Es el proceso esencial inherente a la vida, debéis ser completamente felices. En caso contrario, si no sentís emociones agradables necesarias para hacer realidad vuestros sueños, vuestro trabajoy todos vuestros esfuerzos serán en vano, porque vuestro poder de atracción no existirá. Haced cosas que os gusten, que os apasionen, asumir la tarea de ser felices, sí, debéis habituaros a ser felices a cada instante. Cada uno de vosotros es diferente, para algunos, ir a pasear al campo le permitirá crear una conexión con la naturaleza, para otros, escuchar música le aportará bienestar y la elevación necesaria para ser feliz... Aprender a deteneos y apreciar la vida, todo comienza por dejarse ir y relajarse. Todo lo que viváis como experiencia, así como vuestros pensamientos y vuestras emociones, se almacenan en vuestro inconsciente y es a partir de ese momento cuando comienza la creación.

Emocionaros con la vida y por todo lo que hagáis y emprendáis, estar siempre atentos y a la búsqueda de cosas que os hagan vibrar, aprender también a ser creativos. Cuando una idea os venga a la mente, anotadla. Llevad siempre con vosotros una libreta donde anotaréis todo lo que se os pase por la cabeza, porque es en vuestro subconsciente el que os aporta el agua al molino.

Entre todas estas ideas, algunos de vosotros estaréis de acuerdo y otros no, poco importa, anotad todo, porque es a partir de estas ideas que os lanzaréis a vuestra creación.

Cuando hayáis encontrado el pensamiento positivo, os llenaréis de emociones y vuestro ser interior, que es vuestro compañero de vida, os dirá, "eso es, lo tengo, ¡esta es la buena!" Vuestro inconsciente está atento a lo que pensáis y es una guía preciosa que os dirige hacia lo que queréis realmente. Aprender a comunicaros con vuestro inconsciente, es un maravilloso sistema de guía. Dirigiendo vuestros pensamientos solamente hacia lo que os da placer, os hará ser mucho mas creativos y las ideas fluirán hacia vosotros hasta que encontréis la inspiración.

Ir a los lugares donde encontréis buenas vibraciones, donde os sintáis bien, y todas las cosas buenas que deseáis comenzarán a producirse y a aparecer en vuestra vida. Personalmente, yo visualizo una media hora dos veces al día caminando al borde del lago, escuchando música edificante.Aprovecho esta oportunidad para ir a ver los patos y los cisnes, esto me procura bienestar. No existenmas que dos tipos de emociones: la primera nos permite sentirnos bien, la segunda nos provoca malestar y enfermedades. Es fácil saber en que dirección os debéis dirigir, gracias a las emociones que experimentáis. Si os sentís bien, felices y dichosos, estar seguros que estáis en el buen camino, por el contrario, si sentís melancolía, una sensación de malestar, confusión, podéis estar seguros de que os equivocáis y que los resultados esperados no os satisfarán. Todos somos creadores capaces de beneficiarnos de todos los placeres que nos ofrece la vida. Tomando consciencia de vuestro poder de crear y de la ley de la atracción, tenéis un conocimiento superior al de la mayor parte de las personas que están a vuestro alrededor. Millones de personas darían mucho por estar informados de todo lo que aprenderéis aquí, entre estas páginas. La ley de la atracciónse ocupa de daros aunmas de lo que estáis pensando.

CAPITULO 8: Todo pasa en el interior

No os obsesionéis por vuestros pensamientos, soloseguid atentos a vuestro estado de ánimo. Si os sentís mal, vuestros pensamientos estarán asociadosa las sensaciones y a las emociones de malestar. Haced todo lo que esté en vuestras manos para sentiros bien, y todo irá a favor vuestro. Vuestros pensamientos os permitirán un estado emocional positivo, acordaros, cada vez que experimentéis alguna emoción, estáis creando en positivo o en negativo y, por supuesto, las consecuencias estarán de acuerdo con vuestra vibración. Atraeréis mas y mas aquello que habéis "pedido" en vuestra experiencia de vida. Vuestro ser profundo se comunica con vosotros a través de vuestras emociones. Es por elloque es extremadamente importante que comprendáis esto, porque la ley de la atracción no hace ninguna diferencia entre lo que os gusta y lo que detestáis, solo actúa en función de vuestras emociones. Simplemente, solo os hace falta ser conscientes de lo que pensáis para regresar a la situación de pensamientos positivos para atraer las situaciones que queréis. ¿No encontráis esto genial? Por mi parte, estoy muy agradecida por saber que existe una parte en mí que me guía, y que me muestra que aquello que estoy diciendo, pensando o haciendo no se corresponde con lo que quiero realmente.

Sabed que solo debéis definir lo que queréis conseguir y solo lo definís para vosotros mismos, no podéis crear para otros. Debéis aceptar el hecho de que los otros crean lo que quieren, porque ellos también son creadores, Si os falta tolerancia, haced el esfuerzo y aceptara los otros tal y como son, así, adquiriréis mas tolerancia. Por el contrario, podéis ser un ejemplo de alegría y de felicidad para los otros. En el caso de contacto con una persona, que no piense y no hable de cosas alegres, las otras personassolo podrán rendirse a la evidencia y quizás por que no, cambiar su forma de actuar.

Vosotros estaréis allí para hacerles entender con amor y paciencia, que todo lo que se vive en el interior, se refleja en el exterior. Cada vezmas personas tomarán consciencia de la ley de atracción, la pondrán en práctica, y obtendrán resultados, a veces,fantásticos. En otros casos, conociendo también la ley de la atracción, no se consiguen grandes cosas y continúan luchando en su vida, porque hay quienes no han hecho el cambio interior. Todo comienza por sí mismo, el único camino para conseguirlo es la práctica, el entrenamiento. Es suficiente cambiar vuestro mecanismo de pensamiento para crear una nueva realidad. Sois parte integrante del universo y sois parte de un gran todo, todos nosotros estamos unidos a él. Cada palabra y cada pensamiento que emitís está lleno de energía, llamada también tasa vibratoria. Rodearos al máximo de personas que tengan un nivel de vibraciones elevado y alejaos de las personas que atraigan un nivel mas bajo.

Jeffery R. Holland dijo; "Debemos aprender del pasado.pero no vivir en él. Cuando aprendemos lo que teníamos que aprender, miramos hacia delante y nos acordamos que la fe está siempre mirando hacia el futuro."

A veces no es tan sencillo, porque las personas pesimistas son seres que están cerca de vosotros, ir en su ayuda con el ejemplo que les daréis. El ejemplo es la mejor enseñanza. Remarcar que las personas optimistas a menudo se codean con personas que se les parecen (lo que se parece se une) Estando cerca de personas pesimistas, daros cuenta que su baja energía os contagia. Estos individuos os roban una parte esencial de vosotros mismos, así como vuestra alegría de vivir. Siempre son pesimistas y están permanentemente centradas en lo que va mal o podría ir mal y en siniestros imaginarios.

Este tipo de personas solo tienen pensamientos que les consumen, su única forma de existir es arrastrarte con ellos en su tormento.

i os codeáis con personas que pierden su tiempo quejándose, de una situación, de una circunstancia, de su jefe, de un futuro incierto, o de cualquier otra cosa, sabed que sus lamentaciones pueden tener grandes consecuencias para ellos y quienes les escuchen. No os dejéis arrastrar en su torbellino de malestar. Esta no es vuestra creación, si no la suya. He aquí una cita interesante, las cosas buenas se manifiestan cuando os alejáis de lo negativo. A veces, algunas personas negativas o tóxicas les gusta tener el control sobre los otros, sea por miedo, por drama. Su objetivo principal es atraer la compasión y la atención sobre ellos, es completamente necesario protegeros de las personas negativas, porque os impiden avanzar y alcanzar vuestros sueños.

Si por el contrario, os rodeáis de personas alegres y felices, os sentiréis inmediatamente revigorizados, las personas positivas os arrastraránen su estela constructiva.

Aprender a gestionar vuestros pensamientos para que se conviertan en una fuerza para vosotros y que tengáis la posibilidad de influenciar a los otros. Dejar de cortejar lo que es negativo y sabed que cada problema tiene su solución. Transformando vuestros pensamientos negativos en positivos, vuestra vibración se verá inmediatamente transformada. No os preocupéis por lo que los otros piensen de vosotros. Ser vosotros mismos y sabed que siempre habrá personas que os entenderán y otros que serán detractores, que intentarán destrozaros. Las personas que no conocen o no se preocupan por las leyes que rigen el universo, son saboteadores, personas que hacen que los sueños no se cumplan o inconscientes. No los culpéis, pero alejaros rápidamente de esta fuente de negatividad. Estar en paz con vosotros mismos y acordaos siempre que todo lo que está en vosotros se refleja en vuestro exterior.

Todos estamos llenos de falsas creencias. Sé, y lo repito una y otra vez, deberéis liberaros de vuestras falsas creencias, ¡es FUNDAMENTAL!

Todos vivimos con estas verdades erróneas. Estas os impidieron desde el inicio y hasta ahora realizaros. Con esta nueva forma de ver las cosas, el conocimiento de la ley de la atracción y vuestra práctica habitual de gestión de vuestros pensamientos, podrá fácil y rápidamente descargaros de todas estas malas enseñanzas, que nos han inculcado desde nuestramas tierna infancia. Estas creencias os han aportado frustración y dolor, es el momento de deshaceros de ellas y por fin vivir la vida que siempre habéis soñado. Vivimos una época extraordinaria donde todo es posible, entonces, puesto que todo es posible, ¡haced posible lo imposible! Pensando en hacer lomejor, vuestros padres, vuestros amigos, vuestros profesores u otras personas, os han enseñadotodos los conocimientos que estaban a su alcance, ellos mismos los habían recibido de sus padres, amigos y profesores, El mundo es ignorante de su propio poder, cuando nacemos, el ser humanos nace con aptitudes diferentes según los individuos, y vosotros, vosotros habéis venido a esta tierra maravillosa con el libre albedrío que os permite elegir. También habéis venido con el mayor de los poderes, el de creer. Nada os es impuesto. Es un milagro permanente, puesto que, a cada instante, a cada segundo, alguien crea, vosotros sois la mayor maravilla de la creación, tenéis que ser conscientes.

Imaginaos un campo lleno de buen trigo, pero donde hay también malas hierbas. Si fuerais el propietario, ¿qué haríais?¿Recogeríais el trigo y las malas hierbas? O aun, ¿solo recogeríais las malas hierbas? ¿O recogeríais el trigo? Es el mismo caso durante vuestra vida.

Es como ese vasto terreno, lleno de cosas y de experiencias absolutamente deliciosas y de otras mucho menos atrayentes.

Igual como el propietario de esta tierra, debéis antes, elegir lo que deseáis. La ley de la atracción no comete nunca errores, obedece simple y llanamente a todas vuestras peticiones sean o no,a propósito. Cada pensamiento se presenta y se propaga como una onda magnética, es como, por ejemplo, si vuestro pensamiento fuera vuestro criado a quien le pedís que os traiga un chocolate caliente. Volverá hacia vosotros entusiasmado, sosteniendo en su mano, la bebida que le habéis pedido. Por vuestra parte, sentís satisfacción porque habéis conseguido exactamente lo que le habéis pedido que os sirviera, y él, está alegre porque ha obedecido a vuestra orden con entusiasmo. Es natural pensar, pero habrá que aprender a hacerlo consciente e inteligentemente, para ser quien lleve las riendas de vuestra vida.

Cuando os acostumbréis a dominar vuestros pensamientos, estaréis sorprendidos de descubrir la potencia de esos ejercicios. Tenéis el poder de cambiar las situaciones y todo empieza por el pensamiento, sí, ¡todo es posible! Es fabuloso, ¿no es verdad? Vivimos en un mundo de energía. Todo es energía, la tierra, el agua, las piedras, la naturaleza, la comida... y todo se rige por leyes. Conocéis algunas, como la ley de la gravitación, la ley de la resonancia, la ley de la atracción... Nuestro planeta tierra está rodeado de un campo magnético que polariza las energías. Todos nosotros estamos unidos, los unos a los otros de manera vibratoria y energética, la energía es preciosa, no la gastéis inútilmente donde no aporta y debéis respetar todo lo que es energía.

La palabra energía viene del griego y significa; fuerza en acción. La energía está presente en todas partes, en la corriente de los ríos, en las plantas, en el viento, y también en nuestro cuerpo. Sin ella, no se produce nada, la energía se presenta bajo distintas formas en las que puede transformarse y es necesaria para todas las actividades humanas.

Por ejemplo, la luz transporta la energía, se presenta en cantidad ilimitada en la naturaleza. No se puede producir a partir de nada; no se puede cambiar, o transformarla de una forma u otra. Donde la máxima de Lavoisier "Nada se pierde, nada se crea, todo se transforma."

Es importante aprender a saber donde está la energía,desde por la mañana.

- Habituaos a levantaros un poco mas pronto. Algunas veces, con algunos minutos es suficiente. Esto os permite tener algo de tiempo para practicar acciones energizantes. Gracias a esto, tendréis mas energía que antes.

- Dormir convenientemente y sobre todo suficiente. El tiempo de sueño es diferente para cada individuo, algunas personas duermen mas que otras. Solo vosotros seréis quien lo juzgue.

- Bebed un zumo de limón exprimido con un poco de agua tibia. Además de proporcionaros vitamina C pura, el limón tiene mil y una virtud: detox, digestiva, antioxidante, etc… Mejora el PH del cuerpo porque el limón es alcalinizante. El PH se mide en una escala de 0 a 14. Para que funcione correctamente, vuestro cuerpo debe tener un PH equilibrado, ni muy ácido ni muy alcalino. Debe estar próximo a la neutralidad.

- Un PH inferior a 7 es ácido.
- Un PH superior a 7 es básico o alcalino.
- Un PH igual a 7 es neutro

- Haced ejercicio. Antes de desayunar, es un buen momento, sé que no siempre es fácil. Lo ideal es tener un pequeño trampolín, existen algunos pequeños, prácticos y que no ocupan espacio. El hecho de saltar,oxigena vuestras células. Hacerlo durante 10 minutos y veréis como os sentís mejor.

- Tomar un verdadero desayuno. El desayuno os dará energía, es vuestro carburante para todo el día. ¿Creéis que es buena idea coger el coche con el depósito vacío?

- Tomando el desayuno, lavándoos los dientes, vistiéndoos, o quizás en el baño, escuchad mensajes positivos. Olvidaos de las noticias, ya que sabotearán vuestra jornada.

- Programad vuestra jornada. Hacer un planning para poder efectuar todas las cosas que queréis hacer (Podéis también hacerlo por la noche si no tenéis tiempo por la mañana)

- Tomar el tiempo para formular afirmaciones positivas, ante el espejo, es mejor, Llenaos de energía (tengo confianza en mí, soy un creador de riquezas, tengo siempre buena salud, soy maravilloso)

- Relajaos. Os pongo aquí un ejemplo de ejercicios de respiración eficaces. Inspirad profundamente, retened vuestra respiración de tres o cinco segundos, después expirar profundamente. Haced este ejercicio tres o cuatro veces. Practicarlo varias veces al día. El hecho de respirar de esta manera os permitirá tomar el control de vuestra respiración y de vuestro piloto automático.

Si tenéis rituales cada mañana como los que os he enumerado anteriormente, lo haréis costumbre, haced que las costumbres se conviertan en reflejos.

Si elegís un hábito, es un trampolín hacia el autocontrol, en caso contrario, se convierte fácilmente en esclavitud afectiva o moral. Contrariamente al instinto, la costumbre es un comportamiento adquirido con la experiencia y con el entrenamiento, las buenas reflexionas se desarrollan. La rutina dependiente se aleja, mientras que la rutina disciplinada, libera. Existen una infinidad de costumbres buenas y malas que determinan el comportamiento reflejo de los humanos. Desde el nacimiento, estamos estructurados por rituales buenos o menos buenos. El nuevo hábito liberador necesita obligatoriamente pasar por el desaprendizaje de las cosas aprendidas que no nos convienen. El ser humano debe acostumbrase a vencer solo por el ejercicio mental, sus defectos personalesdeben ser reemplazados por nuevas actitudes mas adaptadas a cada uno. Esto pide una cierta dosis de paciencia consigo mismo y, sobre todo, no rendirse ante el primer fallo.

No seáis vagos en vuestras formulaciones, cuanto mas precisos seáis en vuestras peticiones, mayores posibilidades de éxito y mas concluyentes. El éxito de vuestros logros depende de la formulación empleada. Hace falta un cierto dominio de los pensamientos para conseguir excelentes resultados, a medida que os entrenéis a domar vuestros pensamientos, vuestra personalidad, vuestro comportamiento y actitudes cambiarán (para mejor, por supuesto). Dominaréis cada circunstancia y os sentiréis mas tranquilos, mas serenos y en paz. Si sois conscientes de vuestros pensamientos y os dais cuenta de que no vais por el buen camino, no esperéis que todo falle miserablemente.

Parad todo lo que estéis haciendo y esforzaos en dirigir vuestros pensamientos hacia el éxito. No penséis que todo sea fácil, no, por supuesto, habrá trampas en vuestro camino y para algunos será una carrera de obstáculos como ha sido para mí y a veces, tendréis la impresión de dar vueltas sobre sí mismo.

Tenéis que dejar a un ladovuestro pasado porque es una de las claves mas importantes del proceso. Es inútil llevar el peso del pasado. Como su nombre indica, el pasado es pasado. Ya no existe, y si perdura, no es mas que en vuestra cabeza, en vuestros pensamientos. Lo antiguo, se acabó y ya no está, no revivas continuamente las quimeras de vuestro pasado. Dejarlo ir es simplemente abandonar el control. Tened confianza en la vida y abríos para recibir la multitud de beneficios que os llegarán, vivid el momento presente porque es en el presente en el que creáis vuestro futuro.

Os doy aquí un ejemplo: instalaos cómodamente y observad vuestra respiración. Inspirad lenta y profundamente, después bloquead durante cinco segundos vuestra respiración, después expirar lentamente. Hacerlo varias veces. Continuad respirando tranquilamente y observad vuestra respiración, daos cuenta de la calma que se instala en vosotros. Focalizaos en vuestra respiración y no penséis en ninguna otra cosa que no sea vuestra respiración. Ahora pensad en un problema que os hace sufrir o que os obsesiona. Revivirlo durante algunos segundos, sí, duele.

Después imaginar un globo, pintadlo del color que deseéis y meted el problema en su interior, infladel globo, miradlo alejarse y elevarse en el cielo. Continuad viéndolo elevarse, a lo lejos, veis un volcán con el cráter brillando. Imaginad en el interior un lago de lava, con vuestro soplo, dirigid el globo hacia el volcán, hierve en su interior. Cuando se detiene encima del volcán, dejad de soplar y dejarlo caer.

El globo cae en el cráter. A partir de ahí, el globo lleno de vuestros problemas, ya no os pertenece, ya no es vuestro globo, se quema en el interior del volcán. Es un ejercicio poderoso y extremadamente eficaz, hay otros, pero personalmente, me gusta mucho éste. A veces es necesario repetirlo varias veces para liberaros de vuestras angustias, miedos, stress...

Otro punto importante es la confianza, la fe. Acordaos que sois seres poderosos y que todo es posible para aquel que cree. La duda es lo contrario de la fe y destruye vuestros sueños, debéis tener una fe absoluta en lo que deseéis y en lo que sois capaces de hacer. Pensad en vuestros sueños como si ya se hubieran realizado, sin ninguna emoción negativa ni ninguna duda. Frente a ciertas situaciones, todo el mundo puede tener dudas, pero no permitáis que vivan y enraícen en vosotros. No podemos evitar que los cuervos vuelen por encima de vuestras cabezas, pero si podemos evitar que hagan sus nidos.

Algo esencial es siempre hablar en presente en vuestras formulaciones y vuestras peticiones para atraer el objeto de vuestros deseos, hablando en presente, aumentáis el nivel vibratorio. Elegid bien los verbos que empleáis, evitad, por ejemplo, el verbo "intentar" porque un ganador no intenta las cosas... Hace. Desterrar también el verbo "esperar", porque contiene una connotación de condición. No empleéis jamás el condicional ni el futuro porque retardaréis la realización de vuestros objetivos. Comprender bien que si habláis en futuro, vuestros sueños se quedarán en el futuro.

Por ejemplo, no digáis: "Me gustaría un coche rojo" o "podría hacer esto o aquello." Así que dejar de utilizar palabras como: "Estoy harto de esto, ya no aguanto mas, es siempre lo mismo, voy a morir, me da igual, lo dejo…" Debéis aprender a escucharos hablar y a escucharos pensar, cambiando y mejorando vuestro vocabulario, transformando vuestra frecuencia vibratoria y vuestra energía.

De esta manera, todo estará en su lugar alrededor de vosotros para satisfaceros y para gran alegría vuestra. Son preferibles las expresiones como: "Puedo, quiero, soy capaz de..." Todas estas expresiones son sinónimos de poder, dejad de retrasar vuestro éxito, vosotros tenéis derecho y os lo merecéis. Vuestros éxitos y lo que alcancéis se hará realidad a continuación de vuestro compromiso, simplemente debéis decidir.

Las negaciones deben ser eliminadas de vuestro lenguaje, es como si el universo no aceptara las afirmaciones negativas. En la película el Secreto, un hombre en su vehículo tiene prisa. Dice: "¡No quiero llegar tarde, no quiero llegar tarde!" Por supuesto, se encuentra atrapado en un embotellamiento por obras en la carretera. No quería en absoluto encontrarse en esta situación. Entonces, ¿por qué?De hecho, la negación no se tiene en cuenta, solo la palabra clave "tarde" ha sido aceptada por el universo. Porque en su formulación: "No quiero llegar tarde", este hombre se encuentra en una situación de stress y energía negativa, atrae justamente lo que no quería. Hay que aprender a formular vuestras frases de una forma positiva. Cuantamas energía en lo negativo, mas rápido llegarán las cosas que combatís. He remarcado que cuando alguien piensa de forma negativa, la vibración emitida es tan potente, tan intensa, que la única respuesta posible es, "tu deseo son órdenes para mí." He aquí una lista no exhaustiva de palabras negativas a olvidar. "No, jamás, nunca, nada, problema, preocupación, asusta, es terrible..." Elegid siempre vuestro lenguaje, al principio parecerá difícil y complicado, pero con la práctica habitual, ser convertirá en algo reflejo. Emplead palabras como: Magnífico, mágico extraordinario, fantástico, fabuloso... Parece sencillo, ¿verdad? En efecto, lo es.

En la misma película, una mujer se levanta por la mañana, molesta por nimiedades, comienza su mañana descontenta, los acontecimientos que siguen son evidentemente idénticos a los del inicio de la mañana. Tengo una experiencia a compartir con vosotros.

Hace algunos años había hecho algo mal (era aun inexperta en la utilización de la ley de atracción) y me comporté como una idiota. Mas tarde durante el día, mientras conducía mi coche, me insultó un joven. De repente me sentí herida, pero rápidamente me di cuenta que era lo que inconscientemente pedí al universo y eso me hizo reír a carcajadas. Después, seguí atenta a lo que decía, pensaba, y hacía a cada instante, en el momento presente, De esta manera llegaréis a dominar la mayor parte de las situaciones. Digo bien la mayor parte, porque algunas se os escaparán, como la pérdida de un ser querido, por ejemplo. Cuando hayáis hecho este trabajo, no volváis a vuestras viejas costumbres. El juego vale la pena. He aquí un pequeño ejercicio que podéis hacer todos los días, desde que abrís los ojos por la mañana, agradecer por la buena noche que habéis pasado, hacer el compromisopara que ese día solo os detengáis en las cosas positivas. Es importante también hacer formulaciones constructivas durante la jornada, tales como, hoy mi día es muy agradable, hoy mi día está lleno de sincronizaciones, hoy consigo todo lo que emprendo... Haced esto cada día y pronto podréis constatar los cambios que se producirán en vuestra vida. Acostumbraos a ver solo cosas buenas y vuestra vibración positiva se ampliará lo que tendrá consecuencias positivas, primero, estar siempre de buen humory en segundo lugar, acelerar el proceso de manifestación. Aprender a amaros y a apreciaros, porque la diferencia entre un ganador y un perdedor, se encuentra en el amor, el reconocimiento y el respeto por uno mismo. Inundándoos de autoestima, pondréis el mundo a vuestros pies, una mirada diferente, puesto que todo lo que era negativo y que formaba parte de vuestro seranterior habrá cambiado. Por supuesto, hay que desearlo, hay que ser un buen alumno y ser constante en la tarea. Muchas personas desacreditan la ley de la atracción porque, dicen que no funciona, pero cuando la conocen y ponen en práctica lo que han aprendido, pero les falta la práctica y la perseverancia y no hacen ningún esfuerzo. Se rinden muy pronto. ¡Que desperdicio! Os doy un ejemplo: Un avión gasta un alto porcentaje de su energía en queroseno durante el despegue, una vez en el aire, continúa hasta su destino final. Por suerte no dice en mitad del despegue: "No voy a llegar, es demasiado pesado, esto no funciona." Imaginaos que el piloto se rinde, o mas bien las alas, después de haber gastado tanta energía, Esto sería una catástrofe. Incluso si tenéis la impresión de que nada sucede, nada cambia, no abandonéis nunca porque el tesoro que buscáis se encuentra a menudo detrás de la última puerta.

El éxito llega siempre después de un fracaso, Napoleón Hill da un ejemplo: Un hombre prestó el dinero a su familia y sus amigos para ir al oeste a la conquista del Oeste. Rápidamente encuentran el metal que buscaban y comienzan a hacer fortuna, después de un día, el filón se agota. Las máquinas continúan a cavar desesperadamente, intentando encontrar el filón, pero es en vano. En vuestra opinión, ¿qué crees que pasó? Abandonó y decidió vender la mina. Un inversor compra la mina, aparentemente vacía por unas monedas, hizo llamar a un ingeniero que pensaba que el fracaso del vendedor era debido al desconocimiento del terreno y le aconsejó excavar justo al lado. Descubrió un filón extremadamente rico a un metro del lugar donde la primera persona había excavado antes, y el comprador hizo fortuna. ¿Cuál es la moral de esta historia? Es raro que el éxito llegue rápidamente, a menudo hay que experimentar varios fallos antes de conseguir el éxito. En su libro "Pensad y haceros rico", N. Hill, ha revelado que la mayor parte de las personas entrevistadas que estaban a la cabeza de las quinientas fortunas en la época, le confiaron que conocieron su mayor éxito después de un fracaso que les parecíasin esperanza. El fracaso enmascara el éxito que, de hecho, está a la vuelta de la esquina.

No os oculto que tenéis que trabajar y gastar mucha energía para lograr vuestro objetivo, pero vale la pena.

Tened confianza en vosotros mismos y en vuestras capacidades porque tenéis un potencial inconmensurable. Ya lo habéis logrado al superar muchos retos en vuestra vida, aunque no hubierais oído hablar de la ley de atracción. Si ya lo habéis hecho, sin conocer esta ley, entonces sois capaces. Cuando emprendéis cualquier cosa, haceros la siguiente pregunta, "¿estoy completamente seguro/a al 100% de que no voy a tener éxito?" Si la respuesta es no, continuad hasta que lo consigáis, la mejor forma de no tener éxito, es no tentar a la experiencia y no hacer nada. Cuando tomáis consciencia de que todo comienza en vuestra mente, os convertiréis en algo imparable, nadaréis en la felicidad, no hay ningún límite a la creación, excepto la que os impongáis.

CAPITULO 9: La negatividad

Vivimos en un mundo donde hay mucha negatividad y pesimismo, lo que impide a la mayor parte de nosotros prosperar. Es un estado mental que paraliza e impide el desarrollo personal. En la vida de algunas personas, los efectos malignos se hacen sentir traduciéndose en preocupaciones e inquietudes, es como si esta negatividad fuera un rasgo del carácter de la naturaleza humana. Para combatir esta suerte de mal comportamiento, prestad mucha atención a lo que miráis en la caja tonta (televisión), a la música que escuchéis, a los libros y revistas que leéis y a las conversaciones en las que participáis. A veces es muy fácil hundirse en el pesimismo y en el miedo. Este miedo y esta inseguridad está inducida en su mayor parte los medios de comunicación que hablan de paro, de guerras, de la crisis, de la delincuencia, deshonestidad, agresiones, alcoholismo, enfermedades, y... Con todo esto, estamos listos para vivir en el miedo permanente, hasta tal punto, que en lugar de regocijarse, un individuo que tiene un empleo, tendrá miedo de perderlo, ya que escucha cada día, incluso a veces varias veces por día informaciones de que todo va mal y el paro aumenta. Las consecuencias son graves porque en lugar de vivir vuestra vida, os habéis apartado de ella. Tened fe en la vida, porque está para vosotros y no contra vosotros.

Conozco una persona que se victimiza continuamente para llamar la atención, es siempre extremadamente negativa. Cuando estoy en su presencia, puedo sentir que nos quita la energía y es extremadamente desagradable y cansa, e incluso a veces es dolorosa. La primera consecuencia de su comportamiento negativo es que sus hijos y nietos actúan de la misma manera, la que le han inculcado, y pase lo que pase son siempre infelices.

Esta persona emplea sin cesar expresiones y frases improductivas. Desde el momento que toman la palabra, su fisonomía cambia, hombros subidos, espalda arqueada, cejas fruncidas, mirada de perro apaleado. No exagero nada en la descripción. Todo va siempre mal y es una desgracia para aquel que le pregunta con empatía, "¿Cómo estás?" Porque tendrá derecho a estar lloriqueando y verá su energía fundirse como la nieve al sol,durante la conversación o mas bien el monólogo. La segunda consecuencia para la persona negativa es el vacío que se hace a su alrededor, creo que buen número de vosotros conocéis personas como estas.

Las personas negativas reflejan un malestar interior evidente y cierto. Ser positivo o negativo no es mas que una cuestión de interpretación de los hechos que pasan a nuestro alrededor. Por ejemplo, elijamos a tres personas diferentes que van en un coche y que están siendo acosados por otro automovilista. La primera se sentirá ofendida, molesta y llorará, la segunda se enfadará y responderá al insulto con otro insulto que, por desgracia, en algunos casos, puede ir a peor, la tercera no se dará por ofendida y no se enfadará tampoco, creerá probablemente esta situacióndisparatada. Podéis ver aquí, el ejemplo de tres reacciones y comportamientos diferentes para un mismo hecho. Podéis ver que no es mas que una cuestión de interpretación y de reacción frente a los hechos. Existen, por lo tanto, tantos puntos de vista como personas y en principio, la verdad es única. Si todo va bien, la vida nos parece de color de rosa. Esperad siempre lo mejor y no esperéis lo peor, la actitud negativa no es mas que el reflejo de vuestro propio abatimiento interior. No lo veáis todo negro porque no importe cual sea la circunstancia, siempre hay una enseñanza positiva a aprender. Arrancar y tirar lejos de vosotros todo rastro de ira, de desánimo, de miedo, de duda y sobre todo, no echéis la culpa a otros para justificaros.

Si tenéis tendencia a desanimaros, estar tristes o ser negativos, preguntaros como podéis erradicar esta actitud. Lo primero que tenéis que hacer es reconocer que algo no funciona. Mientras que no hayáis dado estos pasos, os veréis imposibilitados de avanzar de forma correcta. Lanzaos de cabeza a la búsqueda de la felicidad porque la negatividad modifica vuestra percepción de larealidad, lo que sentís en vuestro interior influye en vuestra manera de ver las cosas. Una persona que se sienta desmoralizada,vislumbrará todo lo que se pase a su alrededor de una forma desalentadora, la interpretará de esa manera, todo y cada suceso, en función de su estado. Sacad fuerzas de cada "fracaso" que viváis, una decepción es un trampolín hacia algo mejor. No es porque hayáis vivido algunos contratiempos en el pasado que vuestro futuro seguirá por el mismo camino, si no al contrario, tenéis el poder de cambiar vuestro futuro. Evitad frecuentar personas negativas, porque pueden atraeros a su espiral y conduciros hasta la depresión. Un dicho dice: "aquel que frecuenta a los sabios se convierte en mas sabio, pero aquel que se junta con los tontosse convierte en uno de ellos." Todo lo que es negativo puede influenciaros, evitar contarle vuestros problemas, porque hablando de esto todo el tiempo, no se soluciona nada, si noque se acentúa. No toméis parte de conversaciones desestabilizantes, y que no os ayudan. No digo que haya que ser insensible a lo que pasa en el mundo, el sufrimiento de otros, pero no participéis, porque utilizando vuestra energía y vuestras vibraciones, intensificáis el problema sin quererlo y no sois de ninguna utilidad para las personas afligidas.

Aprovechaos de la alegría, la esperanza, las promesas maravillosas del futuro y no bajéis la cabeza, ni a la tristeza ni a la lástima. Algunos pensarán y os dirán quizás, que vivís en el mundo de los ingenuos como he escuchado a menudo. Hay que ser consciente de lo que pasa a vuestro alrededor, pero nos estáis obligados a uniros o participar en él. Es evidente que el bien y el mal existen, como el negro y el blanco.

Ved lo bueno y lo mejor en cada persona, en cada cosa o circunstancia y dejar de señalar lo que no funciona, la inquietud o el miedo provocan rabia, os paraliza y os evita avanzar. Aseguraos y tened confianza, mirad las cosas tal y como son, sin crear montañas infranqueables porque con la perspectiva de una solución, vuestra visión será diferente. No os preocupéis inútilmente por el mañana y vivid el momento presente, las preocupaciones las creáis vosotros mismos. Dar, porque dando se recibe, decir palabras bonitas, de amor, y de ánimo que os den ganas de seguir adelante en el maravilloso camino de la vida. Beber de todas las buenas cosas que son parte de vuestro mundo, porque son parte de vosotros. Vivís en un mundo fantástico y mágico, por lo que debéis abrir las puertas de vuestra cárcel, liberaos, no seáis prisioneros de vuestro status actual y desarrollar vuestro pleno potencial.

Los sentimientos negativos son contrarios a vuestro ser interior y a quienes sois realmente, lo negativo es un elixir destructor. Debéis cambiar literalmente vuestros pensamientos porque corréis el riesgo de reproducir vuestro pasado y si los pensamientos son los mismos que ayer, hay muy pocas posibilidades de que el mañana sea distinto.

Se crea una resistencia cuando os dejáis invadir y sumergir por vuestras emociones improductivas, por lo que tenéis que dejar de pensar que todo va mal porque no hay nada mas falso. No viváis en la mentira, ¡vosotros sois Creadores no víctimas! Es erróneo pensar que tenéis mala suerte, que la vida es así y que no se puede conseguir nada, que es difícil… No perdáis vuestro tiempo volviendo sin cesar sobrevuestros fracasos, debéis cambiar vuestra mentalidad, ¡a partir de este momento, vuestra existencia os parecerá maravillosa! Buscar el "clic" que cambiará vuestra forma de ser, haced el cambio en vuestra mente y tener confianza, todo es perfecto.

Adoptar continuamente una actitud de victoria y de éxito y dejar de alimentar el desánimo, la decepción, la amargura, así como la desesperanza con una mirada positiva hacia el futuro que se anuncia rico en bellas y reales oportunidades. No seáis parte de esas personas que pasan al lado de su destino simplemente porque les falta confianza, prestando atención siempre a los peores escenarios y deformando la realidad, este estado metal se transmite. Pronunciar siempre palabras positivas y animar a todos aquellos que os rodean y con los que tratáis. Sois vosotros quienes tienen el control, porque tenéis el control de vuestra vida. Haced de vuestro destino una victoria extraordinaria, porque el éxito llama al éxito y el fracaso al fracaso, según la ley de la atracción harmoniosa. Cuando estudiamos física, aprendemos que los negativos atraen a los positivos. En lo que se refiere a los humanos, estar seguros que las personas negativas no atraen a las personas negativas y viceversa. Cuando empecéis a tener éxito, les seguirán otros éxitos. Para persuadir a vuestro subconsciente en el sentido que deseáis, utilizad la autosugestión, podéis esperar vuestros objetivos utilizando la visualización como lo he sugerido varias veces en este libro. La ley de la atracción es armoniosa.

CAPITULO 10. Vosotros sois Únicos

Podremos llevarnos vuestros bienes, podremos quitaros vuestra vida. ¿Que es lo único y una de las cosas mas preciosas que nadie podrá robaros? Vuestra libertad de pensar, incluso bajo tortura, nadie podrá evitar que alguien piense. Aprender a amaros y a cambiar el curso de vuestra vida porque sois los directores de la película de vuestra vida y estáis en posesión de un poder extremadamente poderoso. Haceros valer y acostumbraros a reconocer vuestra verdadera identidad, vuestro valor y los talentos que os cualifican. Sabed que sois una persona única y excepcional. Aprender a transformar vuestra vida y hacedlo a través de vuestros pensamientos, elegidlos bien desde que os levantáis por la mañana y durante el resto del día. Desde el momento que abro los ojos, decidoel buen desarrollo de mi día, preveo siempre cada etapa para que sea exitosa y solo me acerco a las cosas buenas para no atraermas que circunstancias y personas positivas. Difundiendo el amor, la alegría y el entusiasmo alrededor vuestro, recibiréis a cambio las mismas energías. No hagáis nunca ningún comentario negativo, nitengáis una conversación negativa, así no atraeréis ninguna situación incómoda, porque con las emociones negativas es imposible atraer las cosas maravillosas a las que tenéis derecho y que se corresponde a vuestras expectativas. Mantened vuestra simbiosis con el universo, así como con vuestro ser profundo y no tardaréis en asistir a vuestra transformación como la oruga que se transforma en crisálida para dar a continuación nacimiento a una magnífica mariposa. Brillaréis y estaréis alineados con quien sois realmente.

La primera etapa es, por supuesto, amaros y aceptar quienes sois realmente.

Si experimentáis sentimientos negativos adrede, es importante que sepáis que mientras no os apreciéis en vuestro justo valor, nos podréis atraer las cosas magníficas que os esperan.

Acordaos que aquello que está en vuestro interior se refleja en el exterior. Por lo tanto, debéis limpiar de inicio vuestro interior. Debéis estar "enamorados" de vosotros mismos si queréis atraer las buenas experiencias. No caigáis en el narcisismo, ni en el egoísmo, por supuesto, cuando os digo que debéis estar enamorados de vosotros mismos, eso significa que debéis aprender a amaros y a apreciaros.

Vosotros sois la persona mas importante sobre la tierra. Esto, me ha llevado, mucho, mucho tiempo a entenderlo porque tenía la impresión de ser egocéntrica y no era parte de mis creencias. En la composición interna que me había hecho, tenía la ideade dejar pasar a los otros antes que yo. ¡Craso error! Porque no había término medio, y daba prioridad a los otros sobre mí (aun soy un poco así), pero en la actualidad mis relaciones con los otros son mucho mas equilibradas, de hecho, todo es una cuestión de equilibrio. Mi comportamiento pasado me generaba mucha frustración, porque me privaba de cosas por los otros, me gustaba dar, pero tenía el sentimiento de vivir una falta de gratitud por parte de los otros y esto me hacía sufrir. Yo daba, pero no recibía ninguna compensación a parte del placer de dar. Entiendo que algunos me dirán, "no hace falta dar para recibir". Estoy por completo de acuerdo con vosotros, trabajaba de acuerdo con el viejo dicho, "amar es olvidarse de sí mismo", lo que es una de las mayores mentiras que conozco. Cuando se ama, se da, ¿de acuerdo? Pero, si uno no se regala a sí mismo, si uno no se ama y cuanto mas os améis, mas podréis dar a los otros. Yo he analizado mucho mis antiguas costumbres y he llegado a la conclusión de que el nivel de amor que me tenía era escaso, esto es por que vivía a través de los otros y por los otros, para no pensar en mi dolor interior.

80

En el momento presente, mi espíritu está tranquilo porque yo sé quien soy, también sé que si queréis dar un valor añadido al máximo de personas, es imperativo que os sintáis bien y que aprendáis a amaros. Es ahí donde reside vuestra principal misión, porque una persona que no sabe nadar, evidentementeno puede ir en ayuda de otra que se ahoga. Llegad a la paz interior con vosotros mismos y asistiréis a milagros diarios. Todo se colocará en su lugar para vuestro bien, como por arte de magia y automáticamente. Daros a vosotros mismos y mostraréis a vuestro Creador, al Universo, a la Vida que apreciáis el regalo que os ha sido dado, es decir VOSOTROS. Veos como un maravilloso regalo, y un activo para los otros, así evitaréis frustraciones, desgracias y penas. Apreciándoos, vuestra aura será mucho mas luminosa, aunque nuestros ojos no la puedan ver, emanará de ella tal poder positivo que os convertiréis en seres atractivos para los otros. Si no os apreciáis, crearéis una barrera alrededor vuestro, impidiendo que los otros que disfruten con vosotros. Y os autosabotearéis, haréis bajar vuestra vibración. Cuando os miréis en un espejo, veréis el reflejo de vuestro mejor amigo o de vuestro peor enemigo, todo es cuestión de elección. Convertíos en una oportunidad para el resto del mundo, vuestra vida entera depende de lo que penséis.

No os autodestruyáis inconscientemente, no os regodeéis en vuestro sufrimiento ni en lo que os falta, vuestra enfermedad puede ser cuidada y curada, Tenéis que dejar de lamentaros y deciros a retomar el control de vuestra vida y acordaos de que todo lo que vivís en vuestro interior, se traduce en el exterior, y por supuesto, lo que se pasa en el exterior os toca en lo mas profundo. Sabed que el exterior tiene su propia vibración, su propia energía, esta es la ley de atracción.

El proceso de creación está provocado por cada uno de vuestros pensamientos. Estar atentos a vuestras vibraciones, ya que determinan lo que sois. Con la práctica, y poco a poco, eliminaréis los pensamientos negativos que abarrotan vuestra mente.

Al principio parecerá un combate, pero vale la pena, la libertad es el precio, porque todo tiene un precio. Con determinación y coraje, llegaréiscon toda seguridad. El objetivo que os impulsa es aprender a gestionar de forma soberana vuestros pensamientos.

He aquí una lista de emociones negativas que vamos a estudiar juntos, ver sus descripciones, aprender a reconocer sus síntomas y sobre todo como remediarlas y superarlas. Las emociones negativas indican quenuestras necesidades no se han cumplido.

- **Cólera:** Es una emoción que se traduce en insatisfacción, está para señalar una insatisfacción frente a un obstáculoa nuestro bienestar y nuestro equilibrio. La vulnerabilidad a menudo se esconde detrás de la ira. Existen distintos estadios en la cólera que son, enojo, descontento, irritación, exasperación, furor, rabia, rebelión… Puede ser provocada por la percepción de un ataque físico o verbal, compromete a menudo el éxito de nuestros objetivos. Montar en cólera no soluciona ninguno de nuestros problemas, mas bien al contrario. La cólera consume mucha energía.

- **Su Antídoto:** Evitar reaccionar en caliente, atacar a los otros y no ceder a la ira. Respirar profundamente y dar un paso atrás, aislándote o irse a darun paseo para reflexionar el por qué de este aumento de presión.

- **Miedo:** Es una reacción de inquietud frente a una persona o una situación pudiendo constituir una fuente de

82

peligro. Es una emoción en el que la función es protegernos, poniendo nuestro cuerpo en alerta al hacer frente a lo desconocido. Tiene como efecto una parálisis mental que nos impide avanzar. Es un comportamiento de hipervigilancia de quiense enfrenta a distintas posibilidades, experiencias imaginarias que no se produjeron antes. El miedo erige una fortaleza que nos impide acceder a nuestro conocimiento interior.

• **Su Antídoto:** Aprende a ser paciente contigo mismo, a superar tus miedos para eliminarlos. El mejor medio para conseguirlo y vivir la vida que nos merecemos, es ¡REACCIONAR!

• **La culpabilidad:** Existe para que nos haga tomar consciencia de que hemos sobrepasado el límite de nuestras mentiras, y nos permite cuestionarnos. Llena nuestra vida de emociones negativas y nos crea sentimientos sin valor, nos sentimos culpables y responsables de todo lo que va mal. Afecta en su grado superior a la salud mental, y a veces, también, a la física. A menudo conduce a cambios de humor y de irritabilidad. Es un veneno que tragamos y nos corroe por dentro. La culpabilidad inmoviliza e impide tener una mente serena para la toma de decisiones.

• **Su Antídoto:** Ante todo hay que analizar este sentimiento, ¿es realmente apropiado? No tenéis que llevar la capa de la culpabilidad en aquellos hechos que sean independientes de vuestra voluntad. Practicar la respiración profunda y, si es necesario, varias veces. A veces, nos culpabilizamos por cosas que no están a nuestro alcance, es fácil entender que es difícil vivir con un pasado complicado, y sin embargo, es necesario dejarloir y abandonar el pasado doloroso bajo pena de revivirlo.En efecto, cada vez que recordamos episodios desgraciados, les hacemos revivir y esto nos permite hacernos sufrir con la misma intensidad que cuando sucedió el hecho. La autohipnosis puede ser un buen medio para liberarse de este malestar.

- **Los celos.** Causa dolor, rabia, cólera, miedo y tristeza. Los celos pueden ser signo de que algo no va bien en la pareja, por ejemplo. Si es enfermiza, llega a ser tóxica y es devastadora, se traduce en una falta de seguridad y una falta de confianza. Una persona celosa es extremadamente infeliz.

- **Su Antídoto:** Como toda emoción hay que dar un paso atrás y analizar lo que sucede. Un paso importante es tomar posesión de vuestras emociones y no mezclar la realidad y una interpretación, que a menudo es errónea. Cultivar la autoestima es primordial, hay que evitar los pensamientos negativos para reemplazarlos por pensamientos positivos.

- **La Ansiedad:** Es una aprensión anormal que se refleja en signos exteriores como sudor, nerviosismo y aceleración del pulso. Un sentimiento de inconformidad se instala bajo forma de inquietud, preocupación y de stress mas o menos intenso. Cuando una persona sufre de ansiedad, está preocupada, y se espera siempre lo peor, su visión de los problemas se transforma en una situación irreal, empieza a inquietarse, tensa, irritable, tiene problemas de sueño y falta de concentración.

- **Su Antídoto:** Relajarse al máximo, sea escuchando música, con yoga, haciendo deporte o caminando. Hacer cualquier cosa que ames, el contacto con animales y la naturaleza es un excelente método. Analizar la situación anotando en un papel y ver si vuestra ansiedad es legítima o irreal, en la mayor parte de los casos, la persona se da cuenta que su ansiedad es irracional. Asegurar su diálogo interior y que los pensamientos negativos desaparezcan, ¡que no cunda el pánico!

- **La envidia:** El hecho de sentirse de menos cuando algo bueno le pasa a otro, que posee mas cosas o tiene mas éxito, es un signo de una gran falta de estima. La envidia puede a veces empujar a la persona a cometer actoscontra la persona envidiada. La envidia crea sentimientos de cólera, resentimiento y malestar, que crean un gran vacío interior y el sentimiento de no estar a la altura. Es una enfermedad que corroe a la persona que lo posee.

- **Su antídoto:** Practicar asidua y habitualmente la gratitud, ser consciente y aceptar lo que la vida nos proporciona. Concentrarse en las habilidades y talentos (todo el mundo los tiene). Un pequeño ejercicio que ayuda mucho, en un cuaderno, hacer cada día una lista de todo lo positivo que ha sucedido durante la jornada. Reforzar su estima y dejar de compararse con los otros y sus posesiones.

- **La Frustración:** Se siente una injusticia, una privación y una decepción, cuando la persona se esfuerzapor conseguir algo y no lo obtiene. La persona se siente mal cuando siente la frustración que afecta a su vida y le impide ser completamente feliz. Tiene esta sensación de que le falta algo, que algo no se ha cumplido, hay un riesgo de perder la fe, de bajar los brazos y abandonar. La frustración puede llevar a la depresión.

- **Su Antídoto:** Expresar vuestros sentimientos y liberar la cólera y sobre todo, relajarse. Hay métodos realmente interesantes como el EFT, la autohipnosis, la meditación… O cualquier otra disciplina en la que os sintáis a gusto. Tener una buena aproximación a esta situación y verla desde todos sus ángulos, todas las frustraciones son un trampolín para pasar a otra cosa mejor.

- **La vergüenza:** Es un sentimiento de humillación después de un suceso mas o menos traumático. Esto puede ocurrir después de una agresión, ya sea física o verbal. ¿Cuántos de nosotros no ha escuchado alguna vez esta frase altamente tóxica, "¡deberías sentir vergüenza!" La vergüenza puede conducir al aislamiento, al sentimiento de inferioridad y la depresión, a menudo, por desgracia, la persona que ha sufrido una agresión siente vergüenza.

- **Su Antídoto:** Reflexionar sobre el por qué de la vergüenza experimentada, ¿somos responsable de lo que ha sucedido? Aumentar la autoestima practicando afirmaciones positivas tales como "soy una persona extraordinaria, tengo un gran valor, soy una buena persona…" Focalizar sobre su fuerza, sobre sus talentos, aceptarse y aprender a amarse.

- **El arrepentimiento.** El arrepentimiento es una falta, una ausencia que pertenece al pasado, puede provenir de una elección que no hemos hecho y es diferente a los remordimientos que, a menudo,seutiliza de forma incorrecta. El arrepentimiento siempre aparece después de tomar una decisión con el corazón,mientras que el cerebro decía otra cosa. El paso del arrepentimiento a la culpabilidad es tenue. Tened cuidado de no caer en la culpabilidad.

- **Su Antídoto.** El arrepentimiento es escuchar con atención, como un signo de alerta. Reflexionar sobre nuestra decisión pasada y siempre escuchar porque nuestro ser interior está siempre presente para guiarnos hacia las buenas decisiones. Para esto, es necesario tomar consciencia y ser "avaro", como bien dice Jean Claude Vandamme. Hay que volver a conectar consigo mismo, tener cuidado de reformular sus frases 'haciéndolas en positivo. Es algo difícil al principio, pero permite reemplazar estos pesares por algo mas constructivo. Por ejemplo, podéis adoptar este género de afirmaciones positivas, "que suerte poder trabajar en este caso, en este reto, ¡voy a poder progresar...!" Beneficiese de forma positiva de cada situación.

- **Los remordimientos.** Es un sufrimiento que corroe el interior después de haber cometido un acto que no está de acuerdo con nuestros valores y que nos hace tomar consciencia de lo que éramos (en un momento dado) y lo que no somos.

- **Su Antídoto:** No te detengas en el error, todo el mundo comete errores, es el aprendizaje de la Vida. Como para todo, hay que mirarlo a la cara, analizarlo y tomarlo como un trampolín para avanzar e ir mas lejos, volver sobre sí mismo y no unirse al error. Ante un niño que se ha portado mal, no le decimos: "¡Eres malo!", si no mas bien: "Eso que has hecho no está bien." Lo que ha hecho quizás no está bien, pero es imperativo saber disociar el acto de la persona. Haced ejercicios de meditación, de respiración u otros métodos similares.

- **La tristeza:** Se trata de una carga que tiende a rodear a la persona con melancolía, soledad y dolor. Es parte de los numerosos síntomas de la depresión. Puede ser destructora y alejaros de la consecución de vuestros objetivos, Cuando una persona está triste, su fisonomía cambia, sus espaldas se abaten como si llevara un gran peso. Alguien triste se nota a primera vista. La tristeza es el origen de las peores ideas y pensamientos negativos.

- **Su Antídoto:** Confiarse a un amigo, a un profesional o a su diario. Escribir las cargas en un papel es bueno. Poner en práctica una rutina particular, focalizarse en algo en concreto, hacer ejercicio y reemplazar las ideas pesimistas por pensamientos alegres. Será sin duda difícil al principio, pero a la larga, este ejercicio lo interiorizaréis y todo será mas fácil.

- **La inquietud:** Evita estar en paz consigo mismo y puede convertirse en angustia que puede paralizar, es una extrapolación de un momento mas o menos agradable que lleva a las personas a preocuparse por los hechos futuros. La inquietud tiene similitudes con el miedo y alimenta la imaginación sobre hechos hipotéticos. Algunas personas tienden mas a inquietarse y a anticipar situaciones futuras, las persona con una gran propensión a inquietarse tienen problemas para vivir el momento presente.

- **Su Antídoto:** Hacerse la pregunta: ¿Es 100% seguro que algo malo va a pasar?" Si la respuesta es no, analizar los sucesos con la mayor claridad y serenidad posible. Inspirar varias veces profundamente y por que no, meditar. Es un excelente ejercicio para aprender autocontrol.

- **El Dolor:** Es de lejos mucho mas intenso que la tristeza y es similar a la angustia. Se experimenta con una pérdida, ya sea de un objeto o una persona y aparece durante un proceso de duelo. La persona afligida se retrae en sí misma y puede llegar hasta la postración. Las emociones asociadas al dolor son la cólera, el miedo, la culpabilidad y el peor de todos, la pérdida de esperanza.

- **Su Antídoto:** En primer lugar, aprender a recibir y aceptar la violencia de la pérdida y el miedo al futuro, después ir paso a paso, aprender a encontrarse a sí mismo para crecer, es una ocasión para redefinirse. Hay que reconocer que el dolor es una etapa necesaria para progresar. Si la persona tiene problemas para salir sola de este dolor, puede consultar con un especialista. Hay que conocer, sin embargo, que cada uno tiene los recursos necesariospara sanarse y es importante poder contar con su entorno.

- **El Egoísmo:** Impide la felicidad, la persona egoísta no es feliz. Piensa que los egoístas, son otros que, con sus peticiones, impiden consagrase a su bienestar. Se interesan demasiado por su ego, para desarrollar relaciones con los otros, es individualista y mima su "pequeño yo", a menudo en detrimento de los otros, imagina que los problemas mas graves que pueden existir son los suyos. El aislamiento en el que se mantiene raya la depresión. Todo el mundo es un poco narcisista, pero no se debe cultivar el egocentrismo, ni complacerse en la creencia de que es el centro del mundo y que todo gira en torno a ella. Lucien Guitry dice: "El egoísta es aquel que no emplea todos los minutos de su vida a asegurarse la felicidad de los otros egoístas,"

- **Su Antídoto:** Ser consciente de su egoísmo diferenciando entre cuidarse, escucharse y pensar solo en él permanentemente. Mostrar amor, bondad hacia los otros. Un pequeño ejercicio a hacer diariamente, cuando tengáis demasiada tendencia a pensar solo en vosotros, decidir hacer cualquier cosa por alguien cada día hasta que se convierta en algo habitual, en un reflejo.

Hay otros muchos sentimientos y emociones negativas, pero la lista sería demasiado larga si debiera enumerar todas una por una. Os he enumerado una pequeña lista aquí. Solo hay una cosa a saber y conocer, como os sintáis, si no estáis bien, si estáis tristes, en cólera, agresivos...

Estáis en la zona negativa. Si os sentís felices, eufóricos, alegres, lleno de vida... Estáis en el lado correcto y os dirigís a grandes pasos hacia la concretización de vuestros sueños y deseos. Las emociones positivas indican que se satisfacen vuestras necesidades. Debéis querer, creer y actuar para que vuestros sueños se lleven a cabo, deshaceros de vuestros antiguos pensamientos, creencias que están ancladas en lo mas profundo de vuestro subconsciente. Miles de personas han puesto en práctica estas verdades y han cambiado su realidad para ser mas felices. Si otros lo han hecho... ¿Por qué no vosotros? Vosotros no sois ni mas ni menos que los otros, no sois menos valiosos que otros sobre la faz de la tierra y vuestro potencial esinmenso. Imaginad por un solo instante que todos los seres humanos liberasen sus plenos poderes (para hacer el bien, evidentemente), viviríamos todos es un estado paradisíaco y la tierra sería mucho mejor. La felicidad es un estado de la mente consciente que se aprende y que se adquiere con las experiencias vividas, aprender a domesticar la felicidad, os hará brillar y vigorizaos. ¿Habéis encontrado a personas que tienen los ojos brillantes como si estuvieran enamorados? Bien, enamoraos de la vida, miradla con ojos que brillen, deleitaos con cada uno de los instantes que os ofrece, porque estar vivo en un maravilloso regalo. Ser siempre agradecidos y saboread vuestra existencia con alegría, porque vivir sin alegría se convierte pronto en una carga y es fácil perderse en los meandros de la insatisfacción y la depresión.

La felicidad atrae a las personas satisfechas llenas de empatía y de comprensión. Por el contrario, las personas negativas quitan la energía, por lo tanto, si os quedáis a su ladoos vaciarán, huid de ellos y protegeos de este tipo de personas porque oscurecen la vida, y si sois débiles, os arriesgáis a contaminaros.

La felicidad se transmite, pero el pesimismo es un virus mortal tan contagioso como destructor. No os juntéis tampoco con personas que disfruten criticando, si no juntaros con aquellas que eleven el espíritu que son como tú, alimentaros de ese tipo de personas. Cada uno tiene su propios sufrimientos, cargas, duelos y problemas sin tener que cuidar de los demás. Con los buenos hábitos, aprenderéis a mantener la calma incluso en los momentos difíciles, porque todo el mundo está buscando la felicidad. Y, ¿adivináis donde se encuentra la felicidad?

Dejadme que os cuente un historia:

Una vieja leyenda hindú cuenta que hubo un tiempo donde los hombres eran Dioses. Pero abusaron de tal forma de su divinidad que Brahma, el maestro de los Dioses, decidió quitarles el poder divino y esconderlo en un lugar donde les fuera imposible encontrarlo. El gran problema fue, por lo tanto, encontrar un escondite.

Cuando los Dioses menores fueron convocados a un consejo para resolver el problema, propusieron lo siguiente:

- *Enterremos la divinidad del hombre en la tierra.*

Pero Brahma respondió:

- *No, no será suficiente, porque el hombre cavará y lo encontrará.*

Entonces los dioses contestaron:

- *En ese caso, echemos la divinidad en lo mas profundos de los océanos.*

Pero Brahma respondió de nuevo:

- *No, porque pronto o tarde, el hombre explorará las profundidades de los océanos, y es seguro que un día, la encontrará y la llevará a la superficie.*

Entonces lo dioses menores concluyeron:

- *Entonces no sabemos donde esconderlaporque no parece existir ningún sitio sobre la faz de la tierra o en el mar que el hombre no pueda alcanzar algún día.*

Entonces Brahma dijo:

- *Esto haremos con la divinidad del hombre: la esconderemos en lo mas profundo de sí mismo, porque éste es el único sitio donde nunca la buscará.*

Desde aquel momento, concluye la leyenda, el hombre ha dado la vuelta al mundo, la ha explorado, escalado, buceado, cavado, ha explorado el espacio, ha inspeccionado los océanos, a la búsqueda de algo que se encuentra en sí mismo.

Vuestro mayor tesoro y todo vuestro poder se encuentra en el fondo de vosotros mismos, encontrad vuestra Divinidad e ir a buscarla. La clave está allí.

CAPÍTULO 11: Como atraer la Riqueza

Los niños son felices por naturaleza, miradlescomo viven, evolucionan y juegan. Para ellos, la vida es un juego de descubrimientos, se extasían ante cada cosa nueva, una flor, un pájaro, una mariposa... Sus ojos brillan de frescor y de alegría, no ven el mal y tienen una total confianza en la vida. Durante el aprendizaje, no se hacen la pregunta: "¿Va a funcionar?" Lo hacen, sin mas, y si no funciona, lo intentan de nuevo hasta que comprenden como funciona. La mayor parte de nosotros deberíamos tomar ejemplo de los niños que son una fuente de inspiración. La duda no existe en ellos. Son un maravilloso regalo para aquellos que tienen el privilegio de tenerlos. Siempre están llenos de energía positiva y viven constantemente el momento presente.

Los que nos concierne, como adultos, ser felices permanentemente, no es fácil, así lo entiendo. Pero sabiendo controlar vuestros pensamientos, seréis cada vez mas y masfelices, la felicidad se aprende con el tiempo. Haced este ejercicio, preguntaros con sinceridad: "¿Quiero ser realmente feliz?" Meditar sobre esta pregunta y responderos con honestidad, algunos podrán quedarse muy sorprendidos por lo que van a descubrir. En efecto, muchas personas están demasiado apegados a su drama, están tan acostumbrados a su sufrimiento que la sola idea de salir de su zona de confort les pone en estado de pánico total.

Embelleced vuestra vida, así como la de vuestros seres queridos.Imaginar un marido entrando en casa, después de una jornada extenuante, recibido por su esposa, lamentándose de su día de trabajo o enfadándose con sus hijos, sin sonreír, ylos niños no escuchan nunca reír a sus padres.

¿No es triste esta situación? La risa es un excelente medio para sentirse mejor y aumentar las vibraciones positivas, existen terapias para poder reír. Hay una cita que me gusta mucho, "sonríe, incluso si tu sonrisa es triste, porque existe algo mas triste que una sonrisa triste, es la tristeza de no saber sonreír."

Tomad la decisión de ser felices viviendo el momento presente, porque el pasado es pasado, el futuro no ha llegado todavía, y vosotros estáis en el momento actual. Trabajad en ese punto crucial, rodearos de personas felices y emitir pensamientos positivos desde el momento que os levantéis. La vida os sonríe, entonces… ¡Sonreír a la vida! Una cosa importante a mejorar, es vuestro lenguaje que debe ser siempre positivo, cortés y educado. Apartar toda vulgaridad de vuestra mente porque todo lo que se vive en el interior, se transmite al exterior y tener pensamientos positivos, por supuesto, no es suficiente para cambiar el curso de nuestra vida. Es necesario para tener éxito, además de los conocimientos teóricos, la acción, el entusiasmo, la fe, y una buena dosis de perseverancia. Es como si fuera una receta de cocina. Para poder hacer un buen pastel o un pequeño plato, hace falta una serie de ingredientes, que bien combinados, darán el resultado deseado. Debéis siempre encontrar los medios de ser felices y eso, sin importar las circunstancias. Vosotros solos creáis vuestra propia realidad viviendo el momento presente.

El dinero es una energía y hacerse rico, se aprende. Solo hay que conocer las reglas del juego y ponerlas en práctica. El libro de Napoleón Hill, "Reflexionar y haceros ricos" me abrió la mente sobre estas maravillosas posibilidades. Este libro explica porque algunas personas no llegan a fin de mes, mientras que otros han amasado grandes fortunas.

Es el fruto de 25 años de investigación. Desde su aparición este bestseller ha influenciado a millones de personas.

Napoleón Hill entrevistó y estudió a las 500 mayores fortunas de su época: Carnegie, Rockfeller, Ford... Por lo que llegó a la conclusión de que todos estos hombres tenían puntos en común, todos habían generado grandes fortunas, y su conclusión fue que, ser rico es un método que se puede reproducir. La riqueza o la pobreza no son, en absoluto, debido ni a la suerte ni a la mala suerte y si creemos a N. Hill se trata de un camino a seguir, un procedimiento a calcar. El autor explica que el enriquecimiento es posible y que solo hay que conocer el secreto. Evoca este secreto centenares de veces en su libro y deja a la satisfacción del lector descubrirlo, si está listo para reconocerlo. El secreto le fue revelado por A. Canergie cuando era joven y nos da también ejemplos de personas que han tenido éxito, después de entender esta revelación.

Si tenéis miedo a no tener suficiente dinero, éste no puede llegar, porque este es un tipo de emoción yacabáis de crear una carencia.muchas personas están luchando con un presupuesto muy reducido, y es verdad que es una situación muy difícil, hay que hacer malabares todos los meses y a veces, el dinero que entra, al principio de mes está a la mitad o totalmente gastado.

Esto ocasiona un malestar suplementario, la frustración de no poder dar cosas a sus hijos, a sus próximos, la vergüenza y un sentimiento de culpabilidad, de no haber sabido gestionar su presupuesto y de haber llegado a esto.Emiten cheques sin fondos y todo se deteriora muy rápido. Si vuestra relación con el dinero no es clara, hay que trabajar este punto, si no, no se podrá cambiar nada, reproduciréis siempre la misma situación y os quejaréis de la falta del dinero y el dinero no llegará, etc...

Si no cambiáis vuestra visión sobre el dinero, huirá de vosotros. Cuando tengáis un poco, se producirá un imprevisto, el coche tendrá una avería, por ejemplo, u otro similar, lo que tendrá por efecto obligaros a utilizarlopara este gasto suplementario.

Cuando las facturas lleguen, aceptadlas con alegría y veréis como se producen los milagros ante vuestros ojos. Sabed que detrás de cada factura, hay servicios, si tenéis electricidad, agua, gas, colegio para vuestros hijos... Disfrutad de todas esas ventajas porque mucha gente ha trabajado para que pudieseis tener todas esasfacilidades, que hay mas normal que remunerarlos, entonces, agradecer cada una de las facturas recibidas. Hay un ejercicio que se puede hacer para sentir paz frente a estos pagos. Rhonda Byrne dijo que si no podéispagarlas inmediatamente, escribir sobre vuestra factura, "gracias por el dinero". Así habréis comenzado el proceso de reconciliación con el dinero. Cambiando vuestra relación con las finanzas, la prosperidad terminará por llegar a vosotros y no os faltará jamás el dinero. El dinero, como energía que es, debe circular, funciona con las vibraciones emitidas por el pensador y todo es posible con la energía.

La duda es un destructor de sueños, un saboteador que anula el poder del pensamiento. Debéis continuamente y día tras día estar en guardia, estar alerta si no queréis que vuestro saboteador interno gane la partida. Así, conserváis vuestra velocidad vibratoria en alta frecuencia. No amplifiquéis el lado negativo de las cosas o de las situaciones, todo el mundo tiene pensamientos negativos, pero es importanteconcentrarse en las cosas positivas que cruzan por tu mente.

Cuando esto suceda, paraos un momento y observar vuestros pensamientos, escuchad vuestro diálogo interior y cuando os escuchéis pensar o decir una palabra negativa, haced el gesto de borrar con vuestra mano (si estáis en un lugar con otras personas, visualizar vuestra mano que lo borra, el hecho de visualizarlo tiene el mismo impacto que si hicierais realmente el gesto).

Vaciad vuestra mente y llenarla de pensamientos constructivos y reíros de vuestros pensamientos negativos, daos cuenta de cuan ridículas eran y creer firmemente en vosotros y en vuestro potencial porque triunfar es un derecho de nacimiento para todos.

Avanzando a lo largo de vuestra vida, os daréis cuenta de que las enseñanzas de los que os rodean no os han traído ni felicidad ni satisfacción, si no, no estaríais leyendo este libro. Habéis seguido todas las instrucciones, queriendo complacerlos, pero no habéis conseguido ninguno de losobjetivospor los que habéis apostado. ¿No habéis notado que,a menudo, aquellos que trabajan duro no han conseguido grandes cosas, mientras que aquellos que trabajan poco tienen mejores resultados? Os habéis hecho la pregunta, "¿qué hacen esas personas que tienen el éxito, que yo no he hecho? ¡No soy mas tonto que ellos! ¡Soy mejor que ellos!" Hay algo por lo que enfadarse, ¿no crees? Tener celos y condenar a esta gente es casi legítimo, porque es extremadamente frustrante ver que, a pesar de todos vuestros esfuerzos, el éxito persiste en huir de vosotros. Vuestroéxito depende solo y únicamente de vosotros, acordaos de que tenéis el poder en vuestras manos. Si condenáis la riqueza, así como a aquellos que la han adquirido, se os continuará escapando, incluso si vuestro deseo es verla aparecer en vuestras vidascon todas vuestras ganas. Haced de tal forma que todo lo que habéis vivido hasta el momento no haya sido en vano y haced que cada una de vuestras experiencias os lleven hacia el éxito. Utilizad vuestros conocimientos, vuestro saber y lo vivido como un escalón para subir, no penséis que vuestra falta de éxito se encuentra en el exterior, porque el éxito está en vosotros.

No hagáis a los otros responsables de vuestros fracasos, no les culpéis, porque para recuperar vuestro poder de creación y efectuar los cambios en vuestra vida, es obligatorio que seáis conscientes que vosotros y solo vosotros sois lo que atraéis lo que se materializa en vuestra vida. Sé que no es fácil entender ni a aceptar, esto ha sido muy difícil para mí también, pero es una de las principales condiciones para vivir una nueva realidad, la que habéis elegido.

En primer lugar, haced un trabajo recurrente, trabajad sobre vosotros mismos y eliminad vuestros miedos y vuestras anteriores creencias que ya no tienen razón de ser. Hasta el presente, habéis adquirido algunos conocimientos que estaban ocultos desde hace siglos por aquellos que los retuvieron para dirigir el mundo, aprender a tener una alta opinión de vosotros, sin por supuesto, caer en la soberbia. Vosotros sois creadores, como cada uno de los seres humanos. Sed conscientes de quien sois, de vuestras capacidades y de lo que podéis conseguir y no os enfadéis por todas esas cosas, por el contrario, estar contentos porque lo conocéis. Si leéis este libro, es que lo habéis atraído, estáis buscando algo y el azar no existe, todo es cuestión de sincronía. Estáis en el camino de la Libertad, puesto que tenéis la libertad de elegir lo que queréis ser, hacer y tener. El fracaso provoca siempre malestar porque no está en nuestra naturaleza el fallar, es lo mismo con las enfermedades, nuestro ser mas profundo no acepta sentirse mal. Las pruebas, frustraciones, fallos y enfermedades crean disonancias con lo que somos realmente, lo que ocasiona un sentimiento negativo. Sois vosotros quienes tenéis el control porque todo se encuentra en vosotros y no en lo que os rodea.

El dinero es una energía, por tanto, no es el origen ni del bien ni del mal. Muchas personas piensan que el dinero es malo y no hay nada mas falso. Por otro lado, es lo que hacéis con él lo que puede ser condenable, pero no el dinero en sí mismo.

Por desgracia, muchas personasse confunden, sin dinero, no pueden hacer nada, mientras que con dinero, es posible ir en ayuda de aquellos que tienen necesidad y cuanto mas dinero, las posibilidades son mayores. Conozco muchas personas ricas que trabajan a gran escala para asociaciones caritativas, reciben, dan, y hacen mucho por la sociedad. La mayor parte de los criminales no forman parte de los ricos, las prisiones desbordan de personas tramposas, la mayor parte son personas con pocos medios. El dinero no es malo en sí, todo depende de las manos en las que se encuentre, el dinero es revelador de la personalidad de las personas, simplemente. Si queréis que la prosperidad llegue a vosotros, no la desactivéis porque el dinero no es una finalidad si no un medio. Veréis que vuestra situación financiera mejora porque sois atraedores. Si no os gusta el dinero, si lo menospreciáis, como queréis que llegue a vosotros, por lo tanto, no seáis una mala compañía para la riqueza. El dinero permite disfrutar de la vida. Sin dinero, gozaríamos de la pobreza.

Sois seres buenos por naturaleza, estáis aquí en la tierra, en este momento elegid un objetivo bien preciso y vuestro deber es descubrir porque razón os habéis encarnado y cual es vuestra misión. Cada persona tiene una misión que cumplir. Algunos lo han encontrado, otros no se hacen ni siquiera esta pregunta, pero muchos tienen el deseo de saberlo. Acordaos que "quien busca, encuentra," Para algunos, será convertirse en un gran líder en el desarrollo personal, para otros, quizás ser médicos o enfermeros paraaliviar dolencias, para otros será, criar a sus hijos...

Poco importa lo que hayáis elegido, porque toda misión es legítima y no hay misión pequeña. En efecto, vuestra misión es lo que os emociona cuando pensáis en ella y consiste siempre en aportar algo al mundo.

Os lo aseguro, todo el mundo no tiene que ser un Gandhi, ni una Madre Teresa, ni siquiera Martin Luther King o Nelson Mandela, pero cada misión es importante para este mundo. Por ejemplo, criar a sus hijos para que mas tarde hagan lo mismo con sus propios hijos cuando les toque, es algo extraordinario y el mundo necesita de la participación de cada uno de vosotros.

Cuando tenéis miedo u os invade el temora no tener los recursos necesarios para llegar a fin de mes o para pagar vuestras facturas, emitís vibraciones de escasez y de pobreza y el dinero continúa huyendo lejos de vosotros. Acordaos de la ley de la atracción,atrae hacia vosotros cosas parecidas a las que emitís, ya sean positivas o negativas. Si tenéis la sensación de ser pobre, solo atraeréis la pobreza, si por el contrario os sentís ricos, solo la prosperidad os llegará. Es la ley. Cuanto mas la estudiáis, la comprendéis y la pongáis en práctica, mas estará a vuestro servicio. En el momento en que estéis atentos a los resultados que obtengáis, os aproximaréis a vuestra esencia de creador premeditado, sois vosotros los que estáis al mando de vuestra vida y nadie mas. No dejéis este poder a nadie porque os pertenece y solos vosotros podéis hacer cambios en vuestra vida. ¡Que triste vivir la vida por defecto o de vivir la de otro! No os dejéis nunca manipular, debéis estar siempre alerta (sin volveros loco o paranoico) y tened vuestra mente abierta y lúcida, Tan pronto como sentísalgo, atraéis cosas, circunstancias o una persona de la misma naturaleza.

Si por ejemplo deseáis mas dinero, lo que se libere de vosotros deberá, obligatoriamente, parecerse a las vibraciones de personas ricas, sé por experiencia que vibrar como un rico cuando no se tiene dinero, es a veces bastante difícil.

Para esto, es suficiente imaginarse con mucho dinero y experimentar el estado en el que estaríais si lo fuerais, lo que tiene por efecto cambiar instantáneamente nuestra energía negativa en energía positiva.

Para ello, cada vez que tengáis la ocasión, acostumbraros a ser ricos en vuestra mente, porque es imperativo que os sintáis con dinero lo mas pronto posible, a fin de acostumbrar a vuestro cerebro a esta nueva forma de funcionar. Se han hecho estudios científicos en este sentido, como por ejemplo las demostraciones deportivas con los electrodos. Podéis alimentar vuestro subconsciente con mucha facilidad porque creerá todo lo que le mostréis y le dejéis creer.

Por ejemplo, si tenéis ganas de un nuevo trabajo y sentís la falta de lo que ambicionáis, este nuevo trabajo no encontrará el camino para llegar hasta vosotros. Debéis notar intensamente lo que deseáis,como si ya lo tuvierais, antes incluso antes de recibirlo, encontrar el medio de cambiar vuestras emociones con un chasquido de dedos. Si es dinero de lo que tenéis necesidad, no digáis: "no tengo suficiente dinero, o no sé como pagar esto o aquello..." Mas bien decir: "Estoy impaciento por tener suficiente dinero, o estoy contento por poder pagar esto o aquello." Os daréis cuenta de que vuestros sentimientos cambiarán en un abrir y cerrar de ojos para pasar del negativo al positivo, sé, no es evidente, yo misma lo he vivido. Me costó mucho ponerme en la situación, e incluso en la piel de alguien que había tenido éxito económico.

Esto me ha requerido muchos esfuerzos, tenacidad, tiempo, sudor, pero, ¡os puedo asegurar que la perseverancia gana! Para algunas personas, os lo recuerdo, será mas fácil omas rápido. Por mi parte, esto llevó su tiempo y mi camino estuvo jalonado de dudas y trampas, pero estoy infinitamente reconocida por haber logrado las metasque me había fijado, y es por esto que puedo atestiguar que funciona.

Tened paciencia y saber esperar, no dudéis y comprometeos con vosotros mismos. Deciros: "Sé que soy capaz, sé que tengo las capacidades y el poder de cambiar mi vida, sé que la vida me da todo lo que tengo para mis necesidades..."

Esperar a que se realicen vuestros sueños como un niño espera con impaciencia (positiva) su regalo de Navidad, con mucha alegría. Haced lo mismoporque todos deberíamos parecer un niño pequeño, despertad al niño que vive en vosotros, quizás lo habéis perdido de vista desde hace años, pero duerme en alguna parte en vuestro interior, siempre está ahí y espera a que vayáis a buscarlo para poder proseguir el camino juntos. No os quedéis demasiado tiempo separado de vuestro niño interior, vuestra vida se volverá mágica cuando no estéis aislados de vosotros mismos. Encontrad la parte esencial que os falta, y no dejéis quelos hábitos, las creencias, los miedos y los temores, la entierren en lo mas profundo de vuestro corazón

Crear un guiónde lo que queréis ser, donde queréis estar o tener, y vivirlo cotidianamente en vuestra mente, como si ya lo tuvierais realmente, haced "como si" os dierais cuenta vosotros mismos de que todo es posible, mientras vibráis de forma coherente con vuestros deseos antes de que se manifiesten, si no, no va a funcionar. Porque el modo en el que os sintáis, os va a dirigir en la dirección hacia la que vais a crear, no os pongáis límites y dejar de poneros barreras entre vosotros y vuestros deseos. Dejad el campo libre a la ley de la atracción, para que pueda ser vuestra aliada y así materializar vuestros deseos, es como si estuvierais en una canoa y remáis contra corriente.

1) No avanzáis
2) Acabáis extenuados
3) Os hace daño

Remad en el sentido de la corriente de la vida, es mas fácil y muy gratificante, todo irá mucho mejor. Despertad a vuestro poder personal y a vuestras posibilidades infinitas. Cuando no sintáis que estéis en sintonía con vuestro YO interior, tomad el tiempo para respirar profundamente y concentraros en vuestra respiración. Esto tendrá como efecto apaciguar vuestros sentimientos y os permitirá vuestro realineamiento.

Me permito repetiros las cosas, porque es muy importante que podáis tener una comprensión poderosa de todas estas enseñanzas. Es mediante la repetición que los conocimientos se adquieren. Cuando una persona aprende a hablar un nuevo idioma, ¿cuántas veces tiene que repetir las reglas gramaticales, o palabras del vocabulario antes de que las asimile? Esto no es una cuestión de inteligencia, está en la naturaleza humana. En la Biblia, las mismas cosas se repiten una y otra vez y esto no es sin razón. Acordaos de lo que os dije, que tenéis que haceros a la idea de la nueva vida, tal como queréis que sea. No digo que tengáis que mentir sobre vosotros. No digáis, por ejemplo: "Me voy mañana a las Seychelles, o bien, ayer me compré un Ferrari" porque si esto no es verdad, vuestra reputación ciertamente sufrirá. Os arriesgáis a convertiros en unfanfarrón o para algunos habréis perdido la razón y veréis a vuestros amigos irse de vuestro lado. No, porque cuando os digo que os contéis una historia, vividla interiormente, hablad y tened el comportamiento de en lo que os vais a convertir. Os hablaré mas de ello y con mayor detalle en un próximo capítulo. Lo mas importante es sentirse bien en cada instante de vuestra jornada. Conozco una persona, a la cual aprecio, y que amo enormemente por sus cualidades excepcionales, pero que lucha por controlar sus emociones. A menudo, durante el día, entra en cólera contra multitud de cosas, a veces insignificantes. Todo es un pretexto para enfadarse, esta cólera emite ondas negativas, que son las que crean su entorno. Cuanto menos controla sus emociones, mas crea circunstancias negativas, lo que provoca que aumenten las posibilidades de que vuelva de nuevo a ese estado. Yo intento hacerle comprender que es ella misma la que crea los hechos negativos, entonces ella me responde que soy yo la que vivo en los mundo de Yupi, que la ley de la atracción es una tontería, que no existe... Pero os puedo asegurar que cuando veo los resultados en su vida, por su falta de control, que se genera en su día a día, ¡sé sin ninguna duda que la ley de la atracción funciona! Solo le deseo una cosa, que aprenda a gestionar sus sentimientos, porque a partir de ahí, será capaz de modificar su realidad para tener una vida,

103

porque se lo merece.

Vosotros tenéis la posibilidad de aprehender cada uno de los aspectos de vuestra vida de forma positiva o bien, verlas de forma negativa. En cada partícula del Universo, a cada instante, existe todo lo que deseéis y todo lo que no queréis, así, que sois libres de elegir, lo que llamamos el libre albedrío. Es por esta razón que debéis hacer todo lo que esté en vuestra mano para sentiros bien, y esto, de forma permanente. Estar siempre atentos a vuestras emociones porque os sirven de guía y os indican si vais en la buena dirección o no. Desde que abrís los ojos por la mañana, tenéis que hacer elecciones, sí, cada instante de vuestra vida es una sucesión de elecciones. Es un maravilloso regalo que habéis recibido, el poder de elección, y esto prueba vuestro poder. Por supuesto, no tendréis que hacer elecciones decisivas o vitales todos los días, pero algunas veces, las elecciones menores pueden impactar o interferir en vuestra jornada y a veces a vuestro futuro. Escuchad vuestro diálogo interior y cuando os deis cuenta de lo que estáis diciendo no está en armonía con vuestros deseos, parad inmediatamente y decid: "Eso, no es lo que quiero." Después reenfocaros en ese instante, en lo que queréis realmente y afirmar con convicción lo que deseáis. Hay tres cosas realmente positivas a hacer:

1) Sed conscientes de vuestros pensamientos, por lo que los dirigiréis allí donde queréis ir.

2) Cread nuevas conexiones neuronales y acostumbrar a vuestro cerebro para cambiar su forma de pensar desde el momento que el signo de alarma se encienda

3) Ser el maestro de vuestros pensamientos y ser un creador intencionado, y sed los dueños del proceso para cambiar vuestras vibraciones a voluntad

La onda vibratoria, ¿qué es?

En la naturaleza, todo es energía. Esta gran lección nos ha sido enseñado por Einstein. Todas las cosas están compuestas por energía, cada objeto, cada planta, cada animal, cada ser humano tiene su propia energía. Esta energía también se llama vibración. Vosotros emitís constantemente estas vibraciones y estáis en permanente relación con las vibraciones emitidas por lo que os rodea.

Vuestra onda vibratoria no es siempre buena, fluctúa y puede cambiar siguiendo vuestro nivel de stress, vuestro estado, vuestro entorno y vuestros pensamientos. Si estáis en contacto con personas depresivas o negativas, vuestra onda vibratoria será baja, pero si estáis en un lugar, o con personas con una onda vibratoria poderosa, vuestra energía será elevada. Cuando vuestra energía es alta, os sentís mejor física, emocional y mentalmente, aprendéis mejor a escuchar vuestra intuición porque todo está en vosotros. Atraéis hacia vosotros vuestros deseos mucho mas rápidamente por el crecimiento de vuestras capacidades.

¿Cómo hacer para elevar las ondas vibratorias?

He aquí algunas ideas:

- Evitad toda información. Probablemente os habéis dado cuenta que los medios de comunicación son negativos y empujan a la gente hacia el miedo, inseguridad y stress
- Huid de las personas negativas, aquellas que fagocitan vuestra energía y que os fatigan, quejándose permanentemente y criticando...
- Acercaos a la naturaleza, respirad aire fresco, escuchad los ruidos de la naturaleza, el canto de los pájaros…
- Sed positivos todo el tiempo y en cualquier lugar

- No juzguéis a los otros ni sus situaciones, porque no conocéis completamente el por qué de las cosas.
- No juzguéis, y sed indulgentes con vosotros mismos
- Respetar las afirmaciones positivas tantas veces como podáis
- Cantad, bailar, andar, hacer ejercicio
- Reír y sonreír tanto como podáis
- Practicar la gratitud toda la jornada
- Escuchad música inspiradora, alegre o relajante
- Abrid espacio en vuestra casa y mantenedla limpia y aireada
- Tener tiempo para vosotros y sólo para vosotros. Ir a la esteticién, al salón de masaje, a la peluquería…
- Haced cosas que os gusten: ciclismo, natación, punto, pintura, música, cura energética…
- Practicar la meditación mínimo diez minutos al día, yoga…
- Hidrataos bien
- Comer sano

¿Qué es lo que evita que tengáis una onda vibratoria alta? Identificad todo lo que puede evitar que consigáis una tasa de vibraciones alta, y cuando lo hayáis identificado, vuestro trabajo consistirá en eliminarlas o reducirlas. Sabed que vuestra onda vibratoria debe estar a la altura de lo que deseáis, si queréis una pluma o un café, no tendréis necesidadde mucha energía. Por el contrario, si vuestro deseo es tener un millón de euros en los siguientes seis meses, vuestras ondas vibracionales deberán estar a la altura de vuestra petición y deberéis sentir esta energía alta en cada una de las células de vuestro cuerpo.

Lo que tenéis que retener, es que atraemos únicamente las cosas, las personas, o los hechos que tienen una onda vibratoria similar a la nuestra.

La realidad energética significa que nunca podréis atraer cosas que sean diferentes a la que emitís. Por ejemplo, si estáis enfadados o estresados permanentemente, atraeréis a las personas y circunstancias que tienen una energía idéntica a estas vibraciones.

Las palabras y los pensamientos no son suficientes para aportaros lo que queréis, la ley de la atracción no responde a palabras o pensamientos. Por ejemplo, si os cruzáis con vuestra vecina y en vuestra conversación, le decís: "Mañana voy al dentista." Si no emitís ninguna vibración en vuestras palabras, mañana, iréis al dentista, punto. Por el contrario, si le decís lo mismo a vuestro vecino, pero añadís emociones de terror y de miedo, habéis lanzado el proceso de creación. Así, programáis el día siguiente y aumentáis las posibilidades de que pase algo malo. Sabed que cuando añadís emociones positivas o negativas a vuestras palabras o a vuestros pensamientos, vienen de vuestro interior. Es allí donde reside el poder de todas las cosas, está alojado en vuestro interior y vosotros sois los creadores de cada uno de los aprendizajes de vuestra vida. Mirad hacia atrás, a vuestro pasado y ved la correlación con vuestras experiencias y las emociones vividas. Ninguna creación se hace por simples palabras, o actos, si no que están acompañados de emociones bastantes poderosas. Existen emociones negativas extremadamente poderosas en creaciones como la ira, dolor, decepción, stress…

Mirad la cara de una persona cuando se encoleriza, por ejemplo. Hay una transformación física, el sentimiento de cólerase refleja en los rasgos de su cara. Imaginad que estáis creando en ese momento. No subestiméis este género de emociones negativas, porque son, no solo destructoras, si no también son de un inmenso poder creador, acordaos, lo que se parece, se atrae. Vuestras emociones, mas vuestros pensamientos, las atraen en vuestra experiencia de vida, cada persona, circunstancia y suceso, y es, lo mas natural del mundo.

107

Lo que es importante saber, es que cuando alguien va mal, tomará muy a menudo malas decisiones y de una cosa a la otra, irá de mal en peor, se encerrará en sí mismo y pensará que la vida es complicada, que no tiene suerte, que la felicidad no es para él, que no está a la altura... Sé de que hablo, puesto que yo misma pasé por ese camino de gran desolación y desesperanza. Gracias a vuestros pensamientos, emitís vibraciones que hacen que surjan todas las cosas, aguantad y mantened el rumbo, vale la pena. Sí, lo admito, el trabajo interior que haréis os aportará todo lo que deseéis en el exterior. Debéis estar alineados con lo que sois realmente, es decir, que vuestros pensamientos se deben corresponder en todo con vuestro ser interior.Así, sabiendo exactamente lo que queréis y lo que no queréis, es mas fácil enfocar y dirigir vuestros pensamientos hacia la consecución del fin que se busca. Vuestro ser profundo es intrínsicamente bueno y vuestros deseos, los mas profundos, son todos nobles, honorables y pueden serllevados hacia el éxito. Escucharos y fiaros de vuestras emociones porque solo ellas os dirán si estáis alienados o no. Vuestra parte física debe vibrar con la misma intensidad que vuestra parte no física. Desde ese momento, podréis decir que estáis alineado, y a partir de ese momento TODO ES POSIBLE. Entre todas vuestras experiencias, están lo que vosotros consideráis como fallos o errores, pero el error no existe, se convierte en un fallo si vosotros mismos los consideráis como tal. Verlos de forma diferente y deciros: "Me he equivocado, esta forma de hacer las cosas no es la buena" o mas bien, "he aprendido muchas cosas a partir de esta situación" o aun todavía "ahora sé que no debo tomar esta dirección." Muchos inventores o científicos han hecho miles de ensayos no concluyentes antes de encontrar el método correcto. Acordaos de Thomas Edison, erró en mas de veinticinco mil tentativas antes de lograr fabricar la primera pila eléctrica. ¿Cuántos de nosotros habríamos aguantado? Habría podido abandonar después de haberlo intentado una decena, aun un centenar de veces, pero en lugar de hacer esas experiencias fallos, puso las bases para tener éxito y siguió perseverando hasta conseguir su objetivo. Probablemente tuvo dudas, pero en el fondo, sabía que era posible, por lo que lo hizo. Dudar es de humanos. Todo el mundo puede tener sus dudas, pero no debe ser de lo que os alimentéis, los sentimientos de duda están ahí para protegeros. Todos nuestros sentimientos vienen de nuestro ego que vigila por nosotros desde siempre, el ego es una representación errónea que una persona se hace de sí misma. Esta imagen de sí es la que pone los obstáculos a la verdadera naturaleza del hombre. Puede conducir al egocentrismo. Según Jean Paul Sartre, "el ego no es la prioridad de la consciencia, es el objeto." Para conocer el despertar espiritual, es necesario liberarse de su ego.

Cuantas mas altas sean vuestras vibraciones, mas estaréis alineados con vuestro Yo Superior, y con la persona que sois realmente, y masocasiones tendréis para alegraros. Vuestro alineamiento debe ser consciente, podéis de forma deliberada hacer la elección con la que mejor os sintáis, así vuestros pensamientos actuales atraerán los siguientes pensamientos, y eso os permitirá sentiros bien y vuestra vida se convertirá en algo realmente magnífico. Tomar la costumbre de tener pensamientos positivos para que os sintáis bien, es fundamental. Seguro que habéis escuchado decir que se podía desencadenar en nosotros enfermedades, a veces, graves después de un shock emocional, esto prueba que los pensamientos y emociones tienen un gran poder, por lo que, no dejéis que vuestras emociones negativas perduren hasta el punto de deteriorar vuestra parte física. Esto es lo que se llama una separación vibratoria, una disociación entre vosotros y vuestro ser interior y esto puede provocar enfermedades.

Existen técnicas sencillas para pasar de un estado de malestar a un estado de bienestar en una fracción de segundo. alguna de estas técnicas las enseña el PNL (Programación Neuro-Lingüística), se trata del anclaje. Un anclaje en PNL, equivale a un reflejo condicionado, tal y como demostró Pavlov.

El anclaje es una respuesta adquirida bajo el efecto de un primer estímulo inicial. Pavlov daba regularmente a comer al perro con el que trabajaba a mediodía. Cuando la campana de la iglesia sonaba, un día, olvidó darle su plato de comida y el perro salivó escuchando las campanas sonar. Algunos adiestradores de animales, como los delfines, los perros, los caballos u otros, utilizan el sonido que emiteel golpecuando pulsan en un objeto. Yo misma he utilizado ese sonido para jugar con los caballos y enseñarles un montón de trucos. Este método refuerza de forma positiva el comportamiento que deseamos hacer adoptar al animal, se le pide una acción y cuando la ejecuta, es suficiente que haga un sonido, e inmediatamente se le debe recompensar (zanahoria, azúcar, caricia...), y el anclaje se crea repitiendo el ejercicio. Para el ser humano, no se utiliza el sonido, pero es el mismo principio, se le condiciona con un esto asociado a una emoción.

Os propongo un ejercicio sencillo para que podáis comprender como funciona un anclaje. Tenéis que pensar en un momento en el que os sintáis felices, y a continuación, acordaos de una experiencia vivida, ya sea hace mucho tiempo o próxima, esto no tiene importancia. Visualizad esta experiencia y sentirla de nuevo acordándoos de todos los detalles (olores, colores, el ambiente en el que estabais y sobre todo, los sentimientos que os provocaba en ese momento). Estas emociones pueden ser de alegría, reconocimiento, orgullo, confianza...

En vuestra mente, tened una representación exacta de vuestro estado emocional, revivid este suceso con todoel poder que podáis, y sentid esta energía en todas las células de vuestro cuerpo, después haced el anclaje eligiendo un gesto que haréis de nuevo cuando tengáis necesidad (tocar vuestra nariz, rascaros la cabeza, tocar con el puño en la palma de la mano...)

La mayor parte de los deportistas de alto nivel tienen su propio anclaje. El tenista André Agassi tuvo como coach a uno de los principales especialistas en PNL, y en hipnosis, Tony Robbins. Visionando los vídeos de la época, se puede ver que antes de cada servicio, André Agassi hacía su anclaje que consistía en tirar discretamente de la manga de su maillot del lado en que tenía su raqueta. La mayor parte de los espectadores pensaban que tenía una manía, pero no era ningún tic, porque con un abrir y cerrar de ojos, con este anclaje, llevaba a la visualización de su victoria. Utilizaba su toque sistemáticamente. Personalmente, para hacer mi anclaje, me toco discretamente una vez en el lateral del muslo derecho. Debéis repetir vuestro anclaje hasta que consigáis el estado emocional deseado. Cuando os deis cuenta que estáis triste, que no tenéis suficiente moral, que vais a una reunión importante, que debéis emprender algo importante, haced vuestro anclaje y al momento siguiente, os sentiréis bien.

Si os encontráis ante una situación no deseada, que os hace sentir mal y previamente habéis trabajado vuestros pensamientos, tendréis muchas menos dificultades para hacer un cambio vibratorio en un abrir y cerrar de ojos. Dirigid vuestros pensamientos hacia lo que queréis mas que hacia lo que no queréis, y no os concentréis en vuestra falta de dinero, de salud, de confianza en vosotros mismos, en relaciones, éxito, seguridad... Porque atraéis aun mas lo que os falta. Si queréis que vuestra vida cambie, que sea la reproducción exacta de vuestros deseos, debéis obligatoriamente cambiar vuestros hábitos de pensar. Si tenéis ganas de escuchar música clásica y ponéis la radio en una emisora que ponen rap, vuestro deseo de música clásica no estará de acuerdo con lo que recibís, y entonces, estaréis decepcionado.

Encender vuestra radio interna en la buena frecuencia vibratoria y estaréis alineado y en concordancia con vosotros mismos. Estaréis en armonía con vuestro deseo. Si reproducís cada día los mismos pensamientos, emociones y acciones, no esperéis a recibir otra cosa que no sea la que habéis recibido hasta el momento. En el Nuevo Testamento, Jesús dijo: "¿Quién entre vosotros será el padre que dará una piedra a su hijo, si le pide pan? O, si le pide pescado, ¿le dará una serpiente en un lugar de pescado?"

Que lo queráis o no, vosotros recibís la esencia misma de lo que pensáis. Es la ley, y la ley es constante, inmutable. Creáis vuestro futuro en el momento presente. Por ello es importante vivir el momento presente. Vivid alegres vuestra vida y apegaros a las cosas que deseéis. Sabiendo lo que no queréis, sabéis realmente lo que queréis. Tenéis que expresarlo. La única cosa que debe tener valor para vosotros, es sentiros bien. Cuando logréis ese objetivo, todo fluirá. El Universo conspirará para conseguir el objeto de vuestros deseos.

Una vez que hayáis definido lo que queréis, que lo habéis anclado en vosotros, que lo habéis visualizado, preguntaros: "POR QUÉ (y por qué no) es eso lo que quiero." Esta pregunta que tenéis que haceros es esencial, porque es una de las claves mas poderosas. El POR QUÉ (o para quien) es importante, porque si deseáis las cosas para satisfacer únicamente vuestro egoísmo, "quizás" las obtendréis, pero si deseáis algo por una causa, para vuestra familia, para la humanidad, Dios os satisfará mas allá de lo que esperáis. No esperéis ver que las cosas correctas sucedanpara que os sintáis felices, sois capaces de hacerlo, y de forma instantánea.

112

Hacedlas vuestra prioridad, haced ese pequeño ejercicio para daros cuenta de la velocidad con la cual podéis cambiar, no solo vuestros pensamientos, pero también vuestra fisonomía. Estad atentos y remarcar el menor cambio que sucede en un parpadeo. Poneos de pie y deciros con convicción: "¡No tengo suficiente dinero!" Ver como os sentís y daos cuenta de vuestra fisonomía. En principio, una personaque no se sienta bien tiene la espalda arqueada y encoje los hombros, repetir el ejercicio y decid: "¡Deseo, o estoy impaciente por tener dinero!" Constataréis que, de golpe, estáis mas seguros de vosotros mismos, vuestros hombros se liberan, estáis mas derechos y vuestra respiración es diferente, no respiráis de la misma manera cuando estáisseguros de sí mismo que cuando os sentís mal o cuando uno tiene carencia de sentimientos.

Hay un conocido dicho que dice:"Nunca se es mejor servido que por uno mismo", no tengáis en cuenta a otra persona para cambiar lo que os rodea. Mas tarde, cuando hayáis tenido éxito, podéis llevar a los otros en vuestra estela, lo que es bueno, pero el cambio se debe hacer en vosotros, sois vosotros quien debe lograrlo y solo vosotros. Algunos podrán pensar: "Es demasiado negativo, no puedo conseguirlo solo" o "es su culpa", diciendo esto, negáis vuestro poder creador echando la culpa a los demás. Acordaos, todo el poder reside en vosotros y vosotros sois los únicos creadores de vuestra vida, las circunstancias y experiencia que vivís. Se preconiza huir de las personas negativas y estoy completamente de acuerdo. Por el contrario, si vivís con una o mas personas negativas, como vuestro marido o vuestra mujer, vuestros hijos u otras personas que os son queridos, no podéis dejarles a un lado y abandonarlos.

Creo que en algunos casos, cuando no podáis hacer otra cosa, aprenderéis mucho sobre vosotros mismos y sobre los otros, las enseñanzas que sacaréis os serán de mucha utilidad.

El contacto con estas personas, próximas y amadas, os enseñará la paciencia, la tolerancia y el amor incondicional, aprenderéis también a aceptarlos tal y como son, y no como os gustaría que fueran.

Las cosas que no queremos atraen aunmasotras cosas que no queremos. Cuando decís con emoción: "No, no quiero esta enfermedad", o bien, "no, no quiero esto", la cosa que no queréis se os acerca de forma inexorable, ser conscientes de la forma en que pronunciáis las palabras porque estáis ofreciendo al Universo una vibración según lo que estáis pidiendo. No hay que enfocarse en el problema si no en la solución. Las vibraciones emitidas por vuestras emociones son una brújula que no debéis pasar por alto, esa brújula os guía y os muestra el itinerario que debéis seguir, y así en cada instante de vuestra vida. Una expresión que me gusta es: "¡No pierdas el norte!" Debéis estar concentrados sobre vuestro norte para mantener el rumbo y tener en mente vuestro destino.Sabéis lo que queréis... Entonces, ¡ir a por ello! Acordaos, vosotros tenéis el control. Sabed que cada vez que os sentís mal, atraéis cosas que no queréis y que no os satisfacen, en definitiva, cada vez que os sentís mal, es porque vuestra atención se dirige hacia la carencia o hacia cosas que no queréis. Cuando notáis que os sentís mal, debéis estarle agradecido a vuestro sistema de guía que os muestre que no estáis en la buena trayectoria, y a partir del momento en que sois conscientes de que son los pensamientos los que os llevan hacia las emociones negativas, solo tenéis que pivotar hacia pensamientos que os hagan sentir mejor. Sentiros bien debe ser vuestro objetivo principal ya que todo fluirá de allí. Las cosas maravillosas fluirán en abundancia hacia vosotros naturalmente y sin esfuerzos, y a medida que os entrenéis a sentiros mejor, adquiriréis mas y mas habilidades, y esta costumbre se anclará profundamente en vuestras células hasta que se convierta en algo reflejo. No tendréis que parar a reflexionar en este punto.

La tendencia de nuestra sociedad, ayudada y apuntillada, por supuesto, por algunos medios de comunicación, es no ver lo que hay de negativo alrededor de nosotros. La mayor parte de los seres humanos viven en el pesimismo, en la inseguridad y en el miedo. Nos hablan y nos muestran imágenes de guerras, de paro, de delincuencia, de crímenes, de injusticia, de estafas, de robos, de accidentes, de catástrofes... Por supuesto que esas cosas existen, no las podemos negar, pero no nos podemos parar en esas cosas, en las que no podéis hacer nada. Si pasáis al lado de un mendigo que está pidiendo una limosna, dádsela, si vuestro vecino tiene necesidad de ayuda, ayudadle, si queréis participar en obras caritativas, hacedlo, cada vez que os sea posible socorrer a alguien, no lo dudéis. Pero, ¿cómo saberque el hecho de que un hombre ha matado a una decena de personas en el otro lado del mundo ayuda a mejorar vuestra vida? ¿Qué podéis aportar a esas personas? ¿Cómo podéis ayudarlas? Cuanto mas escuchan las personas estas horribles noticias durante el día, hablan de ellas, añaden energías negativas,masestas cosas se multiplican y se perpetúan. Algunos lo calificarán de egoísmo o de indiferencia, pero cuando comprendáis la ley de la atracción y la forma en la que funciona, no tendréis ganas de participar en esa masacre, en esa destrucción masiva, en este despojo de vuestros poderes, porque cuando otro dirige vuestra mente para llevarla allí donde desea que vayáis, le estáis cediendo vuestro poder de creación.

Empezad vuestra jornada con pensamientos agradables, el estado vibracional mas positivo es por la mañana cuando os despertáis. Tomad varios minutos antes de levantaros para expresar vuestra gratitud, decid lo agradecido que estáis por todo lo que ya habéis recibido, por todo lo que tenéis en el momento actual, por todo lo que aún está reservado para vosotros en el Universo y sobre todo, agradecer estar vivos. Así, comenzareis vuestra jornada en una corriente positiva y si hacéis esto cada día, vuestros días tomarán un nuevo rumbo y serán mucho mas agradables y mágicos.

Personalmente, cuando empecé a utilizar la ley de la atracción en mi vida, decidí levantarme una hora mas pronto para darme todas las posibilidades de tener éxito en lo que quería emprender. Mi jornada empezaba con una oración, agradeciendo todo lo que tenía en mi vida, una meditación de una veintena de minutos, después empezaba a trabajar en mi ordenador. A continuación, me iba al trabajo, que era un trabajo en la industria alimentaria que no me convenía (solo me daba para comer y pagar las facturas). Pero no me quejaba ni criticaba el trabajo que no me gustaba, continuaba avanzando con alegría, tenía la convicción y la certeza de que todo lo que estaba llevando a cabo iba a funcionar, y es lo que pasó. ¡Gracias, Gracias, Gracias! Cada pensamiento emitido atrae otros pensamientos similares, siendo así muy poderosos, los pensamientos se conectan los unos a los otros como un rosario o un collar de perlas. La ley de la atracción añade poder a vuestros pensamientos, por lo que mirar bien a vuestro alrededor y os daréis cuenta de que estáis rodeados de cosas maravillosas. Dejad a un lado todo lo que os haga sentir mal y llenaos de pensamientos bonitosdesde que os levantáis hasta que os acostáis, vuestra jornada será así mas agradable y tendréis un sueño apacible puesto que estaréis en el camino de tomar el control de vuestros pensamientos y de vuestra vida. La mañana siguiente estaréis frescos y preparados, después de haber dormido bien, repetir la operación, y así expresaréis vuestras intenciones para todo el día. Si hacéis esto todos los días, os puedo garantizar que vuestra vida será increíble.

Cuanto masprecisos sean vuestros pensamientos en las cosas, mas poderosasse harán, hasta la materialización de vuestros deseos, porque un pensamiento positivo atrae a otro. La única forma de saber si estáis en la buena dirección, es saber reconocer vuestras emociones. Si os sentís bien, vuestra vibración es la buena.

Lo que debe ser vuestro objetivo principal sobre la tierra es sentiros bien y esto debe convertirse en algo permanente, antes incluso de desear ardientemente cualquier otra cosa, buscar sentiros bien. Cuando os sentís bien y conociendo la ley de la atracción, obtendréis absolutamente todo lo que buscáis: salud, personas, buenas relaciones con los otros, dinero, bienes materiales... ¡Y mas cosas! Si sentiros bien es vuestro primer objetivo, la vida se volverá muy fácil y mágica, estaréis a los mandos de vuestro navío, os puedo asegurar que todo será mágico. Cuando vuestros pensamientos son positivos, la ley de la atracción le da mas poder y creáis conscientemente vuestra realidad. Cuantas mas cosas maravillosas creéis, mas os gustará porque mas podréis serlo, podréis hacer o tener absolutamente todo lo que queráis.

Identificad rápidamente lo que no queréis y utilizad solo aquello que queréis. Algunos lo llaman el proceso pivotante. Si os sorprendéis teniendo un pensamiento negativo, acostumbraros a decir: "Eso no me conviene" y dirigir inmediatamente vuestra mente hacia un pensamiento que os hará sentir mejor y haceros la pregunta: ¿Qué es lo que quiero realmente? Obligatoriamente, los pensamientos que surgirán de esta pregunta serán mucho mas agradables, entrenaros a ver esto cada vez que comencéis a sentiros mal y a tener pensamientos negativos y os daréis cuenta de que esta frase es sencillamente mágica. Mirad a vuestro alrededor y veréis todas las cosas buenas que os rodean. Vivís en un mundo maravilloso, estáis bendecidos por estar aquí, en esta época, tenéis la suerte de conocer lo que estáis aprendiendo. Millones y millones de personas no han conocido jamás o no conocerán todas estas verdades. Muchas personas han dejado la tierra sin conocerlo. Personalmente, mi corazón desborda de gratitud pensando que he tenido la oportunidad de conocer estas cosas maravillosas que muchos ignoran y no sabrán jamás, no esperéis mas, tomar el tren ahora, ¡es genial!

117

Cada mañana, desde el momento que os despertéis, tened vuestro sueño en la mente y acostumbraros a levantaros de buen humor. Si queréis recibir de la vida, también tenéis que dar, cuanto masganas le pongáis, la vida os dará mas ocasiones para ser felices. Hacer todo lo que esté en vuestra mano para ser felices, porque hay un precio a pagar por esperar el objetivo que os habéis fijado y el precio a pagar es irrisorio en comparación con vuestros deseos. Os hablaré mas adelante y os daré un ejercicio extremadamente poderoso que os permitirá acceder a la materialización de vuestro sueño. Debéis imperativamente ser felices todo el tiempo, a cada instante, e ignorar todos los pensamientos y contratiempos que podrían alejaros o que pudiera haceros perder la visión de vuestro objetivo. Mientras dormís os realineáis energéticamente. Por lo que, cuando os despertéis, decir: "Hoy, quiero sentirme bien y voy a encontrar todas las razones para sentir ese bienestar, porque es la cosa mas importante para mí hoy, mi prioridad es enfocarme en los pensamientos agradables que atraen a otros pensamientos similares, de esta manera, estaré alineado con los aspectos positivos del Universo. Es muy importante estar atento a los pensamientos que emitís cuando os vais a acostar porque después de vuestro sueño, los encontraréis igual que lo dejasteis la noche anterior. Pensad en cosas que os hacen vibrar de forma positiva antes de dormir y tendréis una noche tranquila. Será mucho mas fáciltener pensamientos positivos desde pronto por la mañana,nada masdespertaros, TENÉIS que tomar el control de vuestros pensamientos, haciendo esto, tomáis el control de vuestra vida. Algunos me dirán: "Hoy he tenido una jornada difícil, nada ha ido como estaba previsto o, me he levantado con el pie izquierdo y ha sido un día horrible…"Mantener el estado de bienestar tanto tiempo y tan a menudo como podáis. Desde que abrís los ojos por la mañana, quedaos tumbados algunos instantes y visualizar el desarrollo de vuestra jornada, y después deciros: "Gracias por este magnífico día, hoy sea lo que decida hacer, me voy a sentir bien, focalizo sobre las cosas que me son agradable porque es imperativo que me sienta bien." Conservad estos pensamientos positivos suficiente tiempo, podréis entonces sentir y almacenar toda la energía positiva.

Cuando elegís algo por lo que luchar, no deis un salto demasiado grande, fijaos un objetivo en el que creáis. Si el deseo es demasiado grande o si os parece irrealizable, os será difícil alcanzarlo porque no creeréis en él. Al principio, poneros metas en proyectos accesibles, entrenaros a utilizar la ley de la atracción, divertiros, porque a medida que vayáis progresando y que dominéis esta ley, podréis ir mas y mas lejos y optar por cosas que os habrían podido parecer muy lejanas a vuestras peticiones actuales. Avanzad pequeños pasos para que no os desaniméis, porque la mayor parte de las personas abandonan rápidamente al no ver ningún resultado. Os diré que es normal, ¡Si vuestro objetivo está demasiado lejano de vuestras creencias actuales, vuestro subconsciente no podrá creérselo y os arriesgáis a decepcionaros! Comenzar por pedir cosas sencillas y cuando os deis cuentas de que llegan y que sabéis que sois vosotros quienes las atraéis, tendréis la clave para conseguir mas objetivos. A continuación, podréis estar, hacer o tener todo lo que habéis elegido, los límites no existen en el Universo, solo existen en vosotros. Cada uno de vosotros tenéis sueños diferentes y a veces muy grandes, estar convencidos de que todo es posible.Podéis alcanzar vuestros sueños, es por eso que tenéis que acostumbrar a vuestro subconsciente a obedeceros, vosotros sois quien manda. Tomad consciencia de vuestros pensamientos, elegir pequeñas cosas al principio, estad atentos a su realización y abrid la puerta a las posibilidades infinitas. Insisto mucho sobre el hecho de que os entrenéis bien primero para que no os canséis. Cuando aprendisteis a ataros los zapatos, no lo hicisteis a la primera vez, ¿cómo lo lograsteis? Simplemente porque habéis perseverado y no habéis abandonado y pasa lo mismo con la ley de la atracción.

119

Si lo que pedís no se materializa, haceros las siguientes preguntas: ¿lo que pido está muy alejado de mis creencias actuales? ¿Es que mi fe en esta intención es bastante fuerte? ¿Es mi deseo suficientementefuerte? ¿Lo estoy haciendo bien? Analizad bien cada situación y rectificad si es necesario, cada deseo debe entenderse y vosotros sois capaces de tener éxito.

Imaginad que estáis delante de una puerta inmensa y que no sabéis como abrirla, hay una cerradura, pero no tenéis la llave. Estáis frustrados porque sabéis que detrás de esta puerta hay de todo, absolutamente todo lo que soñáis. Después de unos días, cuando estáis preparados, alguien os da la llave, abrís la puerta y un espectáculo maravilloso se desarrolla ante vuestros ojos. Allí, delante vuestro se despliega un campo infinito, en el suelo, hay millares de paquetes de colores con hermosas cintas y la decoración es mágica. Todo se exhibeante vuestros ojos y sabéis que todo es para vosotros, solo os hace falta elegir vuestro regalo, extender la mano y recibirlo. El Universo está preparado para dároslo, absolutamente todo lo que deseéis.

Hay tres fases en la consecución de la ley de la atracción: la petición, esperar con alegría y la recepción, las dos primeras partes son las mas fáciles de hacer. Pedir es muy fácil porque pedimos sin cesar. Esperar es también fácil porque no tenéis nada que hacer, es el Universo (o Dios)quien lo proporciona porque ha escuchado lo que queréis. Extrañamente, es en el momento de recibir,cuando la mayor parte de las personas fallan. Sencillamente porquedurante mucho tiempo, se hanconstruido los circuitos neuronales en vuestro cerebro, el circuito del miedo, de la recompensa, la memoria... Por ejemplo, si, cuando fuisteis al colegio tuvisteisun profesor que fue un dolor de cabeza, vuestro cerebro está asociado a la voz, la fisonomía y otros detalles de esos momentos desagradables.

Mas tarde, al encontraros con personas que tienen características similares, vuestro tálamo verá esta información, lo que desencadenará automáticamente una sensación de malestar idéntico al que sentistéis en contacto con vuestro profesor. Y es lo mismo para todo lo que habéis vivido hasta el momento presente, el trabajo que tenéis que hacer ahora, es deshacer todos los circuitos y reemplazarlos por otros. De hecho, es suficiente cambiar vuestras malas costumbres por las nuevas, las vías neuronales son parecidas a las autopistas que creáis y transmiten los mensajes. Cuanto mas cogéis la misma autopista, mas os ancláis en la costumbre. Por suerte, el cerebro está en constante evolución y podéis abrir nuevas vías para cambiar las costumbres, pensar y reaccionar, todo esto gracias a la neuroplasticidad del cerebro.

Me preguntareis,¿cómo hacerpara desembarazaros de vuestras antiguas costumbres y reciclar vuestro cerebro?

- De inicio, debéis identificar vuestras malas costumbres y debéis tener la intención de cambiar. Sed testigo y observador consciente y atento a vuestros pensamientos, vuestros sentimientos y vuestra fisiología en el momento que tengáis el problema.
- Es muy importante que quitéisde vuestra atención la antigua costumbre para crear una nueva vía neuronal. Tan pronto como os sintáis mal, concentraos sobre algo que os haga sentir bien. Construir nuevas costumbres adoptando nuevos comportamientos y respetándolas, ayudaos de vuestra imaginación, concentraos en aquellas cosas que os permitan sentiros bien.
- Desde que un pensamiento o una impulsión negativa se manifieste, deciros: "No quiero esto, pero sé lo que quiero realmente." Volved inmediatamente vuestra mente hacia la nueva autopista, la nueva vía neuronal que estáis construyendo y avanzad en la buena dirección.

- Cread afirmaciones que repetiréis tan a menudo como podáis, por ejemplo, si tenéis sobrepeso: "Me siento bien con mi cuerpo, alcanzo mi peso ideal, amo mi cuerpo..." O bien, si os enfadáis fácilmente, os podéis decir: "estoy tranquilo y sereno, sin importarlas circunstancias a mi alrededor, mantengo el control sobre mí mismo, yo controlo mis emociones..." Es mas productivo decir estas afirmaciones en voz alta y delante de un espejo, poned la entonación necesaria y estar convencido con lo que decís.
- Reflexionar sinceramenteen lo que vuestras antiguas costumbres os han aportado a lo largo de vuestra vida. ¿Estáis satisfechos? ¿Sois felices? ¿Qué habéis aprendido? Dar nuevas posibilidades a vuestra mente y concentraos en vuestras nuevas autopistas.
- Practicar la meditación diaria antes de ir al encuentro de vuestro ser interior, es allí donde se encuentran la sabiduría y todas las respuestas a vuestras preguntas. Adquiriréis la seguridad, una mente tranquila y la posibilidad de guiaros en las decisiones a tomar. La meditación crea nuevas conexiones neuronales en el cerebro. ¡La fuerza y el poder están en vosotros!
- Transformar vuestros miedos en certezas y volver a ser vosotros mismos. Redescubrir el ser maravilloso que sois, cada cambio que se opere en vosotros, crea nuevas vías cerebrales.

Acordaos que debéis sentiros bien, y eso todo el tiempo. Al principio, no será quizás siempre fácil, en ese caso, intentar sentiros mejor y proceder por etapas. Buscar un sentimiento que os permita ser mejores y avancéis desde el lugar donde os encontréis. Sabed que vuestra situación es momentánea y temporal. Esther y Jerry Hicks enseñan como subir en la escala de orientación emocional.

Es importante tener siempre unasensación de alivio, allí donde existe un problema, encontrar una solución y es inútil preocuparse, no sirve estrictamente para nada porque a partir de ahí, crearéis cosas que no queréis. Relajaos y no vayáis a contracorriente, ir mas bien en el sentido de la vida y dejaros llevar por ella. Sentíos mejor, siempre un poco mejor, contaos una historia distinta y el Universo la convertirá en vuestra realidad. Sois un ser libre y podéis elegir sentiros bien o sentiros mal, por lo que elegid los pensamientos que os ayudarán a estar mejor. Es a lo que prestáis vuestra atención, ya sean las cosas que deseáis o las que no deseáis, las incluís en vuestras vibraciones y en vuestras experiencias de vida. Haced la paz con vosotros y con la vida.

Cada emoción vibra a una frecuencia diferente, es por tanto un indicador que revela a que frecuencia vibráis. Debéistener siempreen la cabeza vuestro alineamiento con la fuente de energía, cuanto mejor os sintáis, mas os vais a alinear con las cosas que deseéis. Alineándoos con quien sois realmente, descubriréis cual es el objetivo de vuestra existencia y conocer vuestro verdadero valor. Se podría comparar vuestro alineamientocon el depósito de un coche, el indicador os indica si la resera está vacía o llena. Es lo mismo para vuestras emociones, debéis llenar vuestra reserva con buenas emociones y hacer el esfuerzo para sentiros mejor.

He aquí un ejemplo de escala de orientación emocional dada por Esther y Jerry Hicks:

- La alegría
- La pasión
- El entusiasmo
- La confianza

123

- El optimismo
- La esperanza
- La satisfacción
- El aburrimiento
- El pesimismo
- La frustración
- Desfallecimiento
- La decepción
- La duda
- La culpa
- El desánimo
- La cólera
- La venganza
- El odio
- Los celos
- La culpabilidad
- El dolor
- La depresión

Si sois depresivo, por ejemplo, la ira será un sentimiento de alivio. Hay que subir poco a poco en la escala de las emociones para llegar a la cima y experimentar la alegría. Es muy difícil partiendo de un sentimiento de depresión llegar a la alegría de una vez, el salto es demasiado grande.

Preferís la cólera a la depresión y esperáis adoptar un sentimiento superior.

Podéis así transformar vuestra vida asegurándoos que vuestro bienestar predomine, encontrar la tranquilidad eligiendo vuestros pensamientos deliberadamente y controlar vuestros pensamientos y así, domináis vuestra vida y experiencias.

Me gusta mucho lo que Napoleón Hill dijo a propósito de lo que le había revelado Dale Carnegie, escritor y conferenciante de renombre mundial. Estas son sus palabras: "Cada persona lleva,cuando nace,el equivalente a dos sobres cerrados. Uno de ellos está claramente etiquetado: Las riquezas,de las que se puede disfrutar si toma posesión de su propio espírituy las dirigís hacia vuestra elección. El otro sobre está etiquetado como: Las sanciones,que debéis pagar siolvidáis tomar posesión de vuestra mente y dirigirla. Y ahora, dejadme que os revele lo que dijo el señor Carnegie, sobre el contenido de esos dos sobres sellados. En la primera, etiquetada "Riquezas", hay esta lista de regalos:

1) Buena salud

2) Tranquilidad de espíritu

3) Algo que os apasione de vuestra propia elección

4) La libertad frente al miedo y la inquietud

5) Una actitud mental positiva

6) Las riquezas materiales de vuestra elección y en las cantidades que deseáis

En el sobre etiquetado "Sanciones", el señor Carnegie continúa, la lista de los precios a pagar por aquel que se niegue a tomar posesión de su propio espíritu.

1) Mala salud

2) Miedo e inquietud

3) Indecisión y duda

4) La frustración y desánimo frente a la vida

5) Pobreza y carencias

6) Un conjunto de diferentes dolencias que las forman la envidia, la codicia, los celos, la cólera, el odio y la superstición

Ahora, debéis abrir y utilizar el contenido del primer sobre sellado titulado Riquezas. Es el punto de salida desde donde debéis despegar si queréis conseguir vuestra propia entrada para vuestro desarrollo el resto de la vuestra vida.

Estos dos sobres contienen la lista de las consecuencias vigorizantes o destructoras del control de vuestros pensamientos. Todo lo que sois, todo vuestro entorno es el resultado de vuestros antiguos pensamientos. Si estáis satisfechos con vuestra vida actual, continuar pensando y actuando como lo hacíais antes, no cambiéis nada. Pero si estáis frustrado, infeliz o insatisfecho, cambiar vuestro estado mental, cambiar vuestros pensamientos presentes y reemplazarlos por las mejores intenciones, esto os permitirá alcanzar y vivir la vida de vuestros sueños. Optar por el primer sobre, y convertíos en el maestro de vuestros pensamientos, aprender a controlar vuestra mente para que no os esclavice.¡Vosotros sois los jefes! Veréis rápidamente vuestra vida cambiar para convertiros en lo que deseéis.

Aprender a dirigir vuestros pensamientos hacia el aspecto positivo de lo que os aporta mayor bienestar y vuestra vida mejorará de una forma extraordinaria. Tenéis que llegar al punto en el que, cuando sintáis una emoción negativa, sabréis que estáis atrayendo algo que no queréis. Vuestra primera misión es sentiros bien, encontrar las razones que os haga sentir bien. Adquiriendo este estado mental, encontraréis sin cesar ideas o temas que os permitirán tener sentimientos de bienestar.

Las circunstancias a vuestro alrededor mejoran forzosamente. Acordaos, somos imanes y estamos sujetos a leyes. La ley de la atracción es una ley y, lo creáis o no, existe. Manteniéndose positivo, las puertas se abrirán para vosotros y seréis testigos de cambios mágicos que se operarán en vuestra vida, Dios y el Universo cooperarán con vosotros. Esta gimnasia mental os mantendrá siempre en plena posesión de vuestros medios, esperando la felicidad, la alegría y la paz de espíritu. Concentraos en el aspecto positivo de las cosas y de las situaciones de gran valor, porque hay un principio que debéis dominar: obtener ventajas de lo que pensáis. Os convertís en el creador intencionado de vuestra vida, desarrollar la costumbre de dirigir vuestros pensamientos hacia las cosas que os ayudan a sentiros bien y permitir a la ley de la atracción que osconsiga el objeto de vuestros deseos. Concentraos sobre esto y actuar como si ya lo tuvierais. Expresaos siempre de forma positiva porque de esta manera, acumuláis pensamientos que van en el mismo sentido que vuestras palabras, así, vuestras vibraciones cambian. Podéis pasar de lo negativo a lo positivo en un chasquido de dedos, solo con cambiar vuestros pensamientos. Divertíos al hacer este ejercicio fácil y veréis. ¡Esto funciona!

Recientemente, durante unaconferencia, un interviniente hizo un ejercicio a las personas presentes. Pidió a todo el mundo que se riera mecánicamente frente a un objeto que enseñaba y las risas mecánicas se transformaron rápidamente en risas verdaderas.

Fue impresionante ver a ese centenar de personas riéndose al unísono ante un objeto cualquiera. Todo el mundo se reía de buena gana, a continuación, ocultó el objeto durante algunos instantes y las risas cesaron. Cuando volvió a enseñar el objeto a la multitud, las risas comenzaron de nuevo. Nadie fingía y las risas eran verdaderas y espontáneas.

Con mi nieta, intentamos este método y en el momento en que nos encontramos en una situación de stress, nos decidimos a reír mecánicamente y de forma espontánea. Fuimos a ver su caballo a su establo y algo nos contrarió profundamente.

Comenzó a pronunciar la frase negativa riéndose, la situación era tan insólita que me puse a reír, lo que llevó a una sucesión de risas. Nuestros pensamientos negativos desaparecieron en un instante y fueron reemplazados instantáneamente por alegría y bienestar. Hay otros métodos, por supuesto, para hacer un cambio, pero esta es tan rápida y agradable que lo utilizo cada vez que estoy enfadada. Puedo certificaros que para mí, esto funciona realmente.

Debéis siempre formular vuestras peticiones de forma positiva, no digáis, por ejemplo: "No quiero estar enfermo", porque diciendo esto, atraéis la enfermedad. Decid mas bien: "Quiero tener buena salud" y atraeréis la salud. Cada vez que tengáis miedo de algo, esa cosa se acercará a vosotros inexorablemente, así que poned aunmasemoción y no tendréis que esperar mucho tiempo para que se convierta en vuestra realidad.

No penséis tampoco que cuando consigáis unnuevo coche,o adelgacéis, seréis felices. Sed felices antes y todo llegará a continuación. En las escrituras, dice: "Limpia primero el interior de la copa y del plato, para que el exterior también esté limpio." Entrenaos a tener pensamientos positivos y crearéis cosas bonitas a vuestro alrededor.

Es imperativo que no os impliquéis en el dolor de los otros, porque cuando esto sucede, dejáis de sentiros bien. Si queréis ayudar a los otros, debéis obligatoriamente sentiros bien. Podréis también interactuar con ellos, no importa su malestar, y de esta manera, estaréis mejor informados para ayudarlos.

En caso contrario, no les seréis de ninguna ayuda, ni de ninguna utilidad y las soluciones que les propondréis no serán tan buenas como cuando os sentís bien. No podéis salvar a una persona que se ahoga si vosotros mismos no sabéis nadar. Si sentís emociones negativas, vuestra intervención será inútil, porque concentrándoos en su situación, terminaréis por compartirlos mismos sentimientos que tengan aquellos a los que queréis ayudar. Sabed que los otros también tienen el poder de sentirse bien, por lo que moveros hacia los aspectos positivos y quizás logréis influenciarlos. Como nadie puede ayudaros a sentiros bien, es lo mismo para las otras personas a las que no podéis ayudar a sentirse bien, solo ellos tienen esa capacidad. Cuando os sintáis mal, no es por causa de los otros, todo está en vuestro interior. Para los que os rodean es el mismo principio, vosotros no sois responsable de sus creaciones.

Debéis elegir conscientemente ser felices. Conseguid sentiros bien sin importar cuales sean las circunstancias, y dejaréis de reproducir una y otra vez las mismas condiciones que,ya habéis creado hasta este momento. Cada cosa tiene sus aspectos positivos y negativos. Buscar y centraos en las perspectivas positivas, cambiar vuestras viejas costumbres y no os dejéis llevar por los otros, porque vuestra felicidad depende de ello. Existe una solución: Tenéis que contar vuestra propia historia de forma diferente, dejar a un lado vuestros antiguos esquemas que no os han aportado nada bueno hasta este momento y concentrad vuestra atención sobre las cosas que produzcan alegría y que queréis ver aparecer en vuestra vida.

Vuestras vibraciones deben estar obligatoriamente alineadas con las vibraciones de las cosas deseadas. Cuanto mayor sea la visión, mayores deben ser las vibraciones, vuestra intención principal es sentiros bien. Nada debería ser mas importante para ti.

A propósito del dinero, si pensáis que no hay bastante para todo el mundo, os estáis poniendo en situación de carencia. No luchéis contra las emociones negativas. Son las que, después de todo, os van a proteger, observadlas, agradecerlas y dejarlas pasar como las nubes. No les deis ninguna importancia, después, volved inmediatamente hacia las cosas que os aporten mejores sentimientos. Sois una persona luminosa y podéis aportar mucho a este mundo.

Todos los pensamientosson como potentes imanes que atraen, hacia lo que dirigís vuestra atención. Los pensamientos son tangibles incluso si no los veis y cada ser humano debería adquirir los conocimientos básicos a propósito de la ley de la atracción. Es una de las leyes mas importantes que rigen el Universo, conociendo y poniendo en práctica esta ley, os convertiréis en creadores conscientes de vuestra magnífica experiencia sobre la tierra y es así como os convertiréis en seres libres. Os será suficiente conocer las reglas de juego. Todos nosotros somos seres que tienen un gran valor y cada aprendizaje, lo consideremos bueno o malo, añade envergadura a nuestro ser masprofundo. Es por lo que es importante y primordial, aprender a apreciaros y a amaros.

Muchas personas viven y se comparan con otras: "Aquel es mejor que yo, este es mas inteligente que yo, tiene mas que yo…" Lo que hace que aparezcael malestar y un sentimiento de carencia, cada uno de nosotros está aquí para cumplir su misión en la vida.

Todo el mundo se hace, en un momento dado, las preguntas esenciales: "¿Qué hago aquí? ¿Quién soy? ¿Qué hay después de la muerte? ¿Por qué estoy en esta situación? Si hago lo que puedo, ¿quémas puedo hacer? Debéis obligatoriamente entender la ley de la atracción, que es una ley universal e inmutable.

130

Es importante aprender a domesticarlapara poder crear conscientemente. Una de las reglas a entender, es que, cuando creéis conscientemente vuestra realidad, no debe existir la duda en el proceso de creación. Debéis esperar y ver llegar lo que deseáis crear. Acordaos:Todos somos creadores.

Debéis utilizar la ley según su modo de funcionamiento. En vuestra casa, tenéis agua corriente, ¿verdad? Está presente en las tuberías, pero... Si no abrís el grifo, ¿Qué sucede? ¡Nada! Hay tres reglas importantes e inherentes a la ley de la atracción, El proceso de creación no puede ser mas sencillo. Pedir-Creer-recibir.

- **La Petición.** Enlo que se refiere a la etapa de petición, nada mas fácil, todo el mundo sabe hacerlo. Pedir lo que deseáis y no lo que queréis, sin embargo, la ley requiere mucha precisión. Por ejemplo, decidir ir a un restaurante, consultáis el menú y sabéis perfectamente lo que queréis comer. No le decís al camarero: "Tráigame un entrante, un principal y un postre", porque,evidentemente, sabéis exactamente lo que queréis y así pedís el entrante, el plato principal y el postre según vuestros gustos. Pedís también al camarero añadir esto o aquello para que los platos estén como a vuestro gusto y a vuestras necesidades.

- **La entrega (FOI).** En principio, esperáis tranquilamente que la comanda llegue porque sabéis que se ha enviado a la cocina y no dudáis ni un solo instante que lo que habéis pedido llegará. ¡Lo habéis dejado ir! Es igual con la ley de la atracción, es exactamente lo mismo. Hacéis el pedido y lo enviáis, Dios, el Universo (poco importa como lo llaméis), se ocupan de que se convierta en realidad. Dejad todo en sus manos y esperad con alegría y serenidad. En el caso del

131

restaurante, ¡esperáis pacientemente que vuestra comida llegue y no seguís al camarero a la cocina para aseguraros que se ha transmitido bien el mensaje al cocinero! ¡Tampocovais cada cinco minutos detrás del camarero para preguntarle si ha entendido lo que le habéis pedido! Por el contrario, lo que no sabéis exactamente, es cuando llegará el camarero con vuestra comanda. Quizás en cinco minutos, quizás mas... Pero SABÉIS con certeza que llegará, con lo que le habéis pedido. Tenéis que estar seguros y creer con una fe real y verdadera que vuestros deseos se cumplirán, ¡por que los habéis pedido! Debéis esperarlos impacientemente (no en el sentido negativo del término), como un niño espera su regalo de Navidad, con una feliz impaciencia. Debéis estar en un estado emocional como si ya lo tuvierais, gratitud, alegría y felicidad., estos son los sentimientos que debéis tener para que funciones. Ningún sentimiento de carencia, ¡por favor!

Con esta impaciencia alegre y feliz, sed pacientes. Si plantáis una semilla en el jardín, sería inconcebible ir a desenterrarla todas las mañanas para verificar si está enraizando bien.

¡ES LA LEY!

- **La Recepción.** Normalmente, esta fase debería ser la mas fácil, pero contrariamente a lo que pensáis, la mayor parte de las personas tienen problemas para recibir. Para esto, debéis sentiros bien, creer y "hacer como si."

Todos emitimos vibraciones, son las vibraciones que van a atraer vibraciones idénticas y que solo hay que llevar por el canal correcto. Es como si quisierais captar una emisión de radio y no encontraseis la frecuencia correcta. En vuestra opinión, ¿cuál sería el resultado? Es lo mismo para la ley de la atracción, debéis vibrar en la misma frecuencia. Hay que cambiar de canal sencillamente para atraer a las personas y circunstancias deseadas. El simple hecho de pensar no atraerá obligatoriamente las cosas, solo los pensamientos acompañadas de altas vibraciones, de buenos sentimientos, son operacionales y eficacespara provocar situaciones positivas. En caso contrario, los resultados serán negativos. Es por esta razón que debéis aprender a canalizar vuestros pensamientos. Por supuesto, no es suficiente "conocer" la ley de la atracción, si no que para integrarlahay que ponerla en práctica y os aconsejoutilizarla rápidamente. Si supierais de un inmenso tesoro escondido, ¿no iríais a buscarlo? ¿Incluso sabiendo que "os mojaríais los pantalones" por ir a recuperarlo? Esperando el objeto de vuestros deseos "haced como si" ya lo tuvierais, hablad, caminad y comportaos de la misma forma que lo haríais si estuvierais ya en su posesión.

No seáis una de las personas que se quejan de la ley porque en realidad, no se trata de una ley de grupos, por lo que un comportamiento negativo atrae toda una serie de retos. Buda afirma: "En lo que piensas, es en lo que te conviertes."

Viendo la película "El Secreto" de Rhonda Byrne, yo misma, como muchas otras personas, creí que era suficiente sentarme y pedir. ¡Esperé, en vano, durante algún tiempo (gran parte del tiempo)! Lo que no se menciona siempre o lo que se omite deciros, es que hay que REACCIONAR, porque después de haber imaginado lo que queréis, después de haber sentido las emociones y las vibraciones positivas, la ley de la atracción os va a dar las circunstancias favorables y no tendréis masque explotarlas mientras lo hacéis. Es tan simple como esto.

Pasad a la acción, porque a pesar de todas las maravillosas emociones que viviréis, si no hacéis nada, ¡no tendréis NADA! Debéis tener una estrategia, y nuevas oportunidades aparecerán, y sobre todo, nos dejéis pasar vuestra "oportunidad". Para ilustrar lo que os explico, he aquí una historia que, espero, os hará ser conscientes de la importancia de no dejar pasar las oportunidades que la vida nos da.

Es la historia de un hombre que poseía una granja al borde de un rio. Un díaque hubo una gran inundación, viendo el agua subir, llegó una persona en un coche y le invitó a subir antes de que la granja se inundara.

- No, gracias, respondió el granjero con fe. ¡Dios me salvará!

El agua continuaba subiendo, el hombre corrió a refugiarse en el segundo piso de su casa. La policía llegó en un barco y le invitaron a saltar a bordo.

- No, gracias, no es necesario, respondió el granjero con fe. ¡Dios me salvará!

Finalmente, su casa fue engullida por el agua y un helicóptero que había sido enviado como último recurso, se detuvo encima del tejado donde el hombre se refugiaba. La guardia costera le pidió que subiera, pero de nuevo, el hombre se negó bajo pretexto de que Dios iría a salvarle. La granja desapareció bajo el agua y el hombre se ahogó.

Llegó al Paraíso, enfadado y preguntó al Señor por que le dejó morir así, mientras que hacía prueba de una fe inquebrantable.

Dios le respondió:

- Tú me reprochas que te dejé morir, pero te envié un coche, un barco y un helicóptero y has rechazado mi ayuda. ¡No quisiste moverte!

Pasad a la acción sin esperar, no perdáis el tiempo, el 80% del éxito son nuestras vibraciones y el 20% la acción. Dios o el

134

Universo no harán nada en vuestro lugar, pero actuará A TRAVÉS de vosotros, Dios está para ayudaros, apoyaros, guiaros, pero no interferirá en vuestro libre albedrío y si no hacéis nada, nada pasará. La verdadera locura, es hacer siempre lo mismo y esperar resultados diferentes (Albert Einstein). No se puede esperar a resultados diferentes haciendo siempre lo mismo.

Pensamientos = Emociones = Acciones = Resultados

Todo parte del pensamiento y si los pensamientos son negativos, los resultados serán negativos, y al contrario, si los pensamientos son positivos, los resultados son positivos.

Existen varios dichos relativos a la ley de la atracción, como, por ejemplo: "Los pájaros del mismo plumaje vuelan juntos, cuando las cosas van mal, van de mal en peor,..." Gracias a esta ley, atraéis hacia vosotrosa lo que os dirige vuestros pensamientos. En esta ley, no hay diferencias y si os concentráis en deseos que os harán felices cuando se hagan realidad, obtendréis la felicidad tan deseada. Por el contrario, si os centráis en lo que no queréis... También lo obtendréis. ¡Es LA LEY! Sois poderosos imanes, atraéis y creáis vuestras experiencias y esto, en cada tramo de vuestra vida (material, relacional, salud, trabajo...) Según como os sintáis, sabéis si vais a crear cosas buenas o cosas que estimáis que van a ser malas. Es por esto, que, es esencial comprender y asimilar esta ley para crear la vida que deseéis. Conocer parcialmente esta ley no será de gran ayuda. Por lo que, si desde que os levantáis estáis de mal humor, estad seguros que a lo largo de vuestra jornada, tendréis razones para montar en cólera, estar decepcionados o vivir experiencias mas o menos agradables.

CAPÍTULO 12: Nuestros miedos

¿Cuáles son los principales miedos? Tenéis vuestros miedos anclados en vosotros desde hace tiempo, no importa cuales sean, son superables y pueden utilizarse para que os sirvan de motor. Sí, perfectamente, podéis transformarlos en fuerzas. Cuando estéis abrumados por un miedo (miedo a perder, a ganar, de no estar a la altura...), sois frágiles y este miedo os paraliza. El gran problema es que la gente no quiere cambiar, si no cambiáis nada en vuestra vida, nada cambiará. Me diréis: La gente tiene mala suerte y ¿no quieren cambiar? Todo es por el miedo. Entonces, me diréis, si el miedo me impide avanzar, ¿qué tengo que hacer? Bien, lo contrario al miedo, es la confianza en sí mismo, por desgracia, la mayor parte de la gente tienen falta de confianza en ellos mismos. Las personas que tienen confianza en sí mismas, desprenden algo indefinible, esto se llama carisma. Estos miedos os bloquean y os impiden avanzar en la vida. Algunos miedos son necesarios porque os indican vuestra falta de confianza y vuestra falta de fe. Vuestros miedos os enseñan cosas de vosotros mismos.

El primer trabajo que hay que hacer es identificarlos, siempre hay que identificar al "enemigo". El miedo roba vuestra vida, vuestro éxito, vuestra felicidad y vuestros sueños. ¿Cuál o cuáles son los miedos que os frenan en vuestra evolución? Quizás sois parte de las personas que no tienen mas que un miedo, pero noto a menudo que la gente tiene una combinación de miedos. Una vez que tengáis identificados vuestros miedos, aprenderéis a "curarlos" y veréis que son agradables. Como las enfermedades, debéis diagnosticarlas, para reconocer de que se puede tratar, existe un antídoto para cada una de ellas. Si seguís con vuestros miedos, os autosaboteáis, pero en algunos casos, el miedo os puede llevar a ser mas prudentes.

- *Miedo a no estar a la altura: Su contrario: La confianza en sí mismo.*Cuando crees que no estás a la altura, te sientes incapaz. Este miedo es muy insidioso, porque hace de vosotros un procrastinador que tiene la costumbre de posponer una tarea o tomar una decisión. Si este miedo se incrementahace que os sea imposible moveros y os impide reaccionar. Dudáis de vosotros mismos permanentemente y os repetís: "No voy a conseguirlo, es imposible, no es para mí..." Os contáis historias, elaboráis escenarios completamente ilógicos y os desvalorizáis y todo esto no lleva a ninguna parte. Os debéis contar una historia diferente, si continuáis contándoos vuestra historia de la misma forma, todo seguirá igual.

- *La solución.* Debéis pasar a laacción y dejar de procrastinar, de echoel pasar a la acción aniquila el miedo. Entonces, ¿qué hacer? Es muy sencillo, coged el toro por los cuernos y pasad a la acción inmediatamente, ¡REACCIONAR al instante! Visualizar diariamente la situación en la que queréis estar e impregnaos de vuestros sueños, así el miedo desaparecerá definitivamente de vuestra vida.

- *El miedo a perder: Su contrario: la abundancia.Allí* donde ponéis vuestra energía, es donde la encontráis. ¿Deseáis realmenteque siempre os falte?(falta de amor, falta de dinero, falta de bienestar...) La mayor parte de la gente vive en esta energía, todo comienza por los pensamientos y acordaos: Pensamiento = emoción. Si, por lo tanto, vuestros pensamientos se vuelven hacia las carencias, en vuestra opinión, ¿cuál será el resultado de vuestras emociones?Por supuesto, las emociones de carencia se producirándirectamente de vuestros pensamientos de carencia y en esto no hay secretos, ¡así es como esto funciona! Las consecuencias debido a los pensamientos de carencia, son la repetición de futuras situaciones decarencia, lo que os generará gran frustración. Os arriesgáis a adoptar comportamientos y costumbres, que estarán de acuerdo con vuestro miedo aperder. Si pensáis en pequeño los resultados serán pequeños, es decir, la altura de vuestros pensamientos y de vuestras emociones. Este miedo engendra mucho desgaste y malestar, no olvidéis que no somos seres creadores, pero quebajo la influencia del miedo, limitamos nuestro poder de creación, si os centráis en la carencia, tendréis carencias.

- *La solución:*Estar llenos de gratitud y focalizarse en la abundancia. Deteneros regularmente y reconocer todas las bendiciones pasadas, presentes o futuras. Allí donde está la gratitud, el miedo desaparece. Tomaos el tiempo para agradecer a vuestro Creador por todo lo que os da cada día. Volved vuestro corazón y vuestros pensamientos hacia emociones fuertes, tales como: amor, alegría, felicidad, templanza, gratitud, abundancia, seguridad... Cuando vuestro corazón y vuestros pensamientos estén repletos de gratitud por lo que sois y lo que tenéis, no habrá espacio para vuestros pensamientos y emociones negativas. Cuanto mas agradecidos estéis, mascosas buenas atraeréis, debéis obligatoriamente reprogramar vuestro cerebro. Debéis instalar una nueva forma de pensar y como un ordenador, reprogramar los antiguos menús para instalar nuevos. O conserváis el antiguo programaque es la carencia o reprogramáis vuestro cerebro e instaláis un nuevo programa llamado prosperidad. Condicionaos hacia la abundancia, debéis ser capaces de cambiar vuestra manera de pensar en un abrir y cerrar de ojos. Cuando os sorprendáis pensando en una carencia cualquiera, haced pivotar vuestros pensamientos y proyectaros hacia la abundancia. A partir de ahí, vuestras acciones serán diferentes y os aportarán los frutos de la abundancia. Porque la abundancia existe en todo el Universo y cada uno de nosotros puede y tiene el derecho a beneficiarse. Mirad a vuestro alrededor y los comprenderéis. Visualizaos en la prosperidad y haced "como si", como si lo estuvierais y tenéis todo lo que queréis, como si fuerais ya ricos y prósperos, como si tuvierais una salud perfecta, como si tuvierais una maravillosa pareja. Engendrar sentimientos de abundancia y esto es lo que atraeréis. Haced como si ya fuerais ricos. Ya lo dijo Napoleón Hill hace mas de cien años. Haciendo esto, atraeréis imperativamente la abundancia.

- *El miedo a no ser aceptado, de no ser amado, a ser rechazado: Su contrario: Amarse y apreciarse.*Este miedo os hace hacer cualquier cosa. Para ser aceptado, algunas personas están dispuestas a todo, a delinquir, a dar una puñalada a sus valores, porque cada uno de nosotros tiene la necesidad de ser amado, ser reconocido, ser parte de un grupo, de un círculo... Este miedo, como los otros miedos de los que os voy a hablar, os impiden tener éxito. Todo comienza por el miedo a ser juzgados. No seréis jamás aceptados en todo, por lo que debéis aceptar el rechazo, la crítica y el ser juzgado. Siempre tendréis "fans" y "detractores". Debéis aprender a pasar de esas personas, dejarles criticaros y juzgaros. Tenéis un objetivo, y para alcanzarlo, no debéis permitir que terceros os impidan alcanzarlos. El miedo a no ser aceptado, ser excluido, no debe deteneros en vuestra búsqueda del Grial. Este miedo es muy poderoso, pero debéis seguir avanzando, no autosaboteéis vuestros sueños y vuestra vida por un simple miedo. El miedo no es mas que una manera de ver las cosas, se trata de un pensamiento.

- *La solución:* Imaginad una balanza. En uno de los platillos tenéis vuestras ganas de tener éxito y en el otro platillo está el miedo a no ser aceptado. El miedo es mas pesado que vuestro sueño. Entonces, ¿qué hacer? Hay que equilibrar los dos platillos, y por esto, debéis simular, reforzar y desarrollar al máximo vuestro deseo aminorando lo mas posible vuestro miedo de no ser reconocido. ¿De que manera? Conozco dos técnicas que funcionan. La meditación y la visualización. Si hacéis las dos, ¡genial! Visualizando, os concentráis en el éxito de vuestro proyecto. Cuanto mas visualicéis, mayor será vuestra motivación. Es difícil aceptar una vida que no os conviene porque es vivir el dolor, lo que es contrario a la felicidad del éxito. El miedo es el enemigo a erradicar.

- **El miedo a ganar:** Este miedo es una gangrena para los deportistas, para los empresarios y para todos aquellos que tiene este miedo porque es aterrador. Todo el mundo quiere ganar y a nadie le gusta perder. Viviendo con este miedo, os quedáis paralizados por la posibilidad de perder, que no es mas un estado de espíritu, como los otros miedos. En los saltos de obstáculo a caballo, que conozco particularmente bien, me rodeo de todo tipo de personas. Hay vencedores que están para ganar, que condicionar su mente a este objetivo y que visualizan su victoria. Y hay otra categoría que vienen también para ganar, por supuesto, pero que SABEN que no conseguirán ningún premio y que van a perder. Se condicionan para fallar. A veces, incluso, he escuchado decir: "Sé que de todas maneras, voy a perder, espero no caerme, el caballo se niega todo el tiempo..." ¿Creéis que las cosas van a ir bien? Si,incluso puede que vaya muy bien, ¡exactamente como lo han deseado! Van a perder. Me digo que en esas condiciones, mejor quedarse en casa que ir con una mentalidad perdedora. Imaginad un deportista que tiene en frente a un campeón, perderá la fe en sí mismo, incluso si solo quedan unos minutos por jugar y está ganando el partido. Si se pone a pensar: "No es posible". Y cuanto mas reflexione, menos creerá que es posible. Y continúa pensando: "No es para mí, no soy suficientemente bueno, es un campeón, es mas fuerte que yo..." Si una persona tiene espíritu ganador es lo que le llevará a la victoria, que puede llegar, aunque el trofeo no es lo mas importante, es el estado mental con el que ha competido, debe perseverar y trabajar mas y mas la parte mental. ¡Es lo que funciona! Hay que estar concentrado en el objetivo hasta conseguirlo. Me acuerdo de una niña que había hecho un recorrido impecable. Su trazado era perfecto, había hecho el mejor tiempo, su recorrido era limpio, ella y su caballo no habían hecho ninguna falta... Estaba segura y al abordar el último obstáculo, se relajó porque pensó: "Está bien, he ganado." De golpe, el caballo se sintió relajado y tiró una barra, lo que supuso que perdiera el primer puesto. Un consejo: no os relajéis nunca de vuestro objetivo.

- *La solución:* Decirse: "Merezco lo mejor" y formular esta incantación lo mas a menudo posible. Hacedlo mirándoos en un espejo, poniendo toda la energía y sentimientos de certeza. Decidlo cada mañana y cada noche, para ser mas eficaz, decid esta frase tantas veces como lo podáis y convertirlo en una costumbre. El tener éxito es vuestro derecho de nacimiento y solo os merecéis lo mejor.

- *El miedo a perder.* Este miedo es también devastador. Cuando se tiene miedo a perder... ¡Se pierde! Cuando llegáis a algún sitio con el miedo a perder, esto es lo que sucede de forma sistemática, porque este miedo paraliza. Tenéis miedo a perder vuestro empleo, vuestros amigos, vuestra esposa, vuestros bienes, vuestra salud... Este miedo os priva de efectuar cambios en vuestras vidas y estáis ansiosos y angustiados. Cuanto mas se instala el miedo,mas está presente. Con el miedo a perder, tenéis la garantía de estropear vuestro presente, agriar vuestro buen humor y perturbar vuestro sueño. Este miedo a perder está ligado a los miedos fundamentales: Vivir y morir. Cuando la espiral de fracaso se inicia, cuando vais de fracaso en fracaso, tenéis miedo a emprender porque sabéis que vais a fallar. Algunos se meten en la cabeza que todo lo que tocan funciona, y otros, al contrario, hacen lo contrario y se persuaden de que todo lo que tocan naufraga. Así, se hunden en la inacción y se encierran en sí mismos. "¿Para que hacer nada si va a fracasar?"

- *La solución*: Cambiar la forma de pensar. Debéis saber que el miedo es triste y que cuando os enfrentáis a él, huye. Debéis actuar. Cambiar vuestras creencias erróneas y como os he dicho anteriormente, formular incantaciones que os lleven a lo mas alto. Cuando decidís reaccionar, las oportunidades aparecen y obtenéis resultados. Las personas que tienen éxito hablan de sus proyectos, de sus estrategias, de su futuro feliz, han erradicado la palabra "miedo" de su lenguaje y de su forma de ser, mientras que aquellos que viven con miedo, se les reconoce por su habla. Tienen miedo del futuro, miedo de no llegar, miedo de estar enfermos... La palabra "miedo" es parte de su vocabulario diario.

Acordaos de que el miedo es solo un estado mental. Si tenéis pensamientos de miedo, se instalarán y se convertirán en reales, el resultado es el bloqueo y la parálisis. Podéis controlar lo que pasa en vuestra mente. El miedo es una construcción mental que comienza por la duda, y cuando la duda se instale, erradicarla de raíz. Nada se cumple con miedo. Poned los medios para tener éxito porque lo merecéis. Crear nuevas creencias con incantaciones, la visualización y la meditación.

Reflexionar bien. Es esencial que toméis consciencia de cuanto os ha costado estos miedos. A causa de la falta de dominio, de control ¿desde cuándo hace que lo sufrís?¿Desde cuándo estáis frustrados y tenéis emociones dolorosas? Se habla de emociones tóxicas. ¿Tenéis ganas de seguir sufriendo a causa de un simple estado mental? No debéis crear a vuestro alrededor situaciones que os hagan sentir mal.

Leed libros de personas que os inspiren. Formaos, rodearos de personas que han tenido éxito y que tienen confianza en sí mismos. Ver películas y videos que os lleven a lo mas alto, sabed que lo positivo y lo negativo son contagiosos. Si vuestro entorno es negativo, debéis de hacer esfuerzos gigantescos por salir, Dios los cría y ellos se juntan. No lo habéis notado, en lo que se refiere a las relaciones, los médicos se rodean de médicos, los actores se casan con actores, los obreros frecuentan obreros, los alcohólicos pasan el rato con alcohólicos... Dependiendo del medio en que evolucionáis, sea hacia arriba o hacia abajo. Todo es un tema de elección, elegid bien a vuestros amigos.

Nos convertimos en lo que pensamos. hay que tener esto en cuenta en nuestra mente. No solo son palabras, es la verdad, y debéis aprender como funciona vuestro ser interior y vuestro cerebro. Todos llevamos mochilas mas o menos pesadas y dolorosas. Intentáis cuidaros, buscar soluciones para que las cosas mejoren y planificáis el futuro en los momentos difíciles. En efecto, librando una batalla contra lo quetemeis, emitís ondas, y vuestras vibraciones atraen experiencias similares. El universo es muy amable y no desea mas que complaceros, por lo que si vuestras vibraciones son altas, vuestras expectativas se cumplirán. Si las vibraciones son bajas, vuestros deseos se cumplirán también. Acordaos: recogéis lo que sembráis y siempre habéis funcionado de la misma manera después de muchos años. Es vuestra zona de confort, incluso si esta zona de confort es a menudo poco confortable. Quizás no sabéis hacerlo de otra forma, es un círculo vicioso en el que os sentís seguros porque es el sitio que conocéis. Es tiempo de abriros y cambiar vuestra forma de pensar, después enfocaros únicamente en situaciones positivas. Utilizad un vocabulario positivo, pensad en las posibilidades infinitas de creaciones

143

increíbles, de vuestro potencial inmenso, porque conseguiréis y tendréis en lo que os hayáis concentrado.

Hoy es cuando debéis reaccionar, no mañana, ni la próxima semana, no ¡Es hoy! ¡Ahora! Imaginaos en cinco años, diez años, veinte años. S habéis reaccionado, tendréis la vida que siempre habéis soñado, buenas relaciones, una salud perfecta, un trabajo que os apasione, la casa de vuestros sueños, una pareja ideal... No mas preocupaciones, los miedos se desvanecen. Todo ese maldejará lugar a la paz, la serenidad, la seguridad, la autoestima... Si no pasáis a la acción, vuestra vida no cambiará ni una coma. Viviréis una y otra vez las mismas experiencias, tendréis siempre los mismos problemas, iréis de reto en reto y estaréis siempre mal. Debéis tener la visión de la persona que queréis ser y no dejar que vuestro pasado continúe destruyéndoos y guiando vuestro futuro. Elegid ahora lo que queréis ser. Subid la escalera hacia el éxito, peldaño tras peldaño. Es el momento de levantaros y poneros en marcha, si no, os arrepentiréis si no os decidís.

Para hacerlo, debéis cambiar vuestras costumbres dedicando varios minutos por la mañana para pensar lo que tenéis que hacer durante la jornada. Establecer rituales. Los rituales se deben hacer no dos o tres veces por semana o no una vez de vez en cuando, si no cada día. Por ejemplo, bebed zumo de limón, haced yoga, meditar, visualizar, leed pensamientos positivos, cuando os duchéis, acariciad vuestro cuerpo y deciros cuanto os apreciáis... Y, sobre todo, consagrad el tiempo al agradecimiento. Agradecer a Dios, al Universo o en quien creáis por todo lo que tenéis, lo habéis tenido y lo que está por venir. Dad gracias por el amor, la gentileza, la prosperidad, la diversidad, vuestra familia, vuestro coche, vuestra salud, y dar gracias por lo que deseáis como si ya estuviera en vuestra posesión. Todo lo que digáis o hagáis define vuestro futuro. Es de esta manera como os seguís construyendo. Tened objetivos, verdaderos objetivos e incluirlos en la lista. Después, sed disciplinados, constantes y perseverantes y esto, cada día. Debéis trabajar estos objetivos y hacer un plan preciso para aproximaros a ellos rápidamente, dejad a un lado las antiguas costumbres, poner en marcha las nuevas actitudes, no es fácil al principio, Ser firmes y os sentiréis mucho mejor cuando se anclen, sobre todo porque las antiguas costumbres no siempre son buenas.

Habrá siempre sucesos perturbadores e incontrolables en vuestras vidas, pero el resultado final dependerá de vuestra elección para tratarlos y vuestro comportamiento, en como abordarlos. Por la noche, no os durmáis con un problema, porque las emociones que nos abrazan por lanoche, estarán allí al día siguiente. Llenad vuestros pensamientos con vuestros objetivosmas honorables y haced un planning para el día siguiente. Si por la noche os dais cuenta de que no lo habéis cumplido por completo, no os flageléis, y estar contentos de lo que habéis conseguido, incluso si os parece poco. Os aconsejo tener un diario para ir escribiendo todos vuestros buenos sentimientos de la jornada sobre los logros de vuestros objetivos. Las personas que tienenéxito, viven, sienten y piensan siempre en sus sueños. ¿Habéis notado lo difícil que es empezar? ¿Hasta que punto es doloroso levantarse para hacer deporte? ¿O levantarse quince minutos antes para meditar? Estamos guiados por nuestro subconsciente que no le gustan los cambios, nos pone barreras porque le gusta la zona de confort. Tenéis necesidad de una nueva energía y dinámica para esbozar un cambio y debéis encontrar esa energía en vosotros para activarla. Es la primera clave para remodelar vuestra vida. Si fuera tan fácil, todo el mundo lo haría. Reaccionando a la llamada de vuestro ser interior, desarrolláis cualidades como la autodisciplina y la perseverancia, la disciplina es una amiga que debe ser atendida. Haréis de tal forma que todo sea posible y haréis desaparecer las falsas creencias de vuestra mente que os frenan y os detienen. Haciendo mas y mas esfuerzos, conseguiréis mas y mas cosas, por lo que comenzad aquí y ahora a dar forma a vuestra vida.

Se podría llamar a la ley de la atracción la ley de la vibración porque 24h/24h, emitís ondas. Para conseguir lo que pedís, vuestros tres "yo" (yo mental, el corazón, y el inconsciente) deben estar alineados. Si esos tres "yo" están alineados, vuestras vibraciones estarán automáticamente conformes con lo que habéis pedido. Cuando hagáis una petición, no la formuléis jamás bajo la forma de pérdida. Por ejemplo, "¡Quiero dinero! ¡Tengo necesidad de dinero!" Expresada bajo la forma de súplica, no obtendréis nunca dinero porque esta afirmación atraerá la experiencia correspondiente a vuestra vibración que es el estado de carencia. Debéis comprender obligatoriamente esto, porque es de extrema importancia. Cada vez que formuléis una petición, debéis encontraros en un estado de gratitud y alegría. Tenéis que adoptar la posición de recepción. Cuando os dan un regalo, estáis agradecidos, ¿no? Entonces haced lo mismo cuando deseéis lo que sea. Otro ejemplo: Si tenéis necesidad de un nuevo coche, porque el que tenéis no sirve o tiene fallos, no os quejáis del coche criticándolo: "Está estropeado, es muy probable que se estropee..." Cambiar vuestro comportamiento ante el coche y agradecer el haberlo tenido hasta ese día y sobre todo, estar agradecidos y reconocidos por el próximo coche que vais a recibir. Y esto, lo debéis hacer en todo, y de esta manera crearéis un fujo y un canal permitiendo la llegada, la realización y manifestación de vuestras peticiones. Este es el concepto clave que hará la diferencia. Pedir en este estado mental como si ya lo hubierais recibido. Algunos dirán probablemente: "No puedo hacerlo, como queréis que esté agradecido por algo que todavía no tengo. No puedo decir: ¡Gracias por todo este dinero con el que voy a poder pagar mis facturas! Sé que las facturas están ahí y no el dinero" Y sin embargo... Entrenad sin descanso, minuto a minuto, día tras día, semana tras semana... La clave es esta. Este proceso es extremadamente poderoso y cuando lo logréis, habréis abierto la puerta de entrada que gestiona vuestro poder. Haciendo esto, crearéis un crecimiento y no una pérdida que viene a añadirse a la carencia existente. La emoción en la que os encontráis durante la formulación de vuestra petición es mas importante que la misma petición. Es la emoción la que condiciona la recepción del deseo. ¡¡¡GRATITUD, GRATITUD GRATITUD!!!

Un día, he dado un regalo a una persona muy querida. Esta me ha hecho saber que ese regalo no le gustaba. Le hice una comparación y le dije; "Cuando recibes algo, si tu corazón no está lleno de gratitud por lo que tienes, no solamente te arriesgas a no tener nada mas, si no que pierdes lo que ya tienes." Esto le hizo reflexionar y en las siguientes veces actuó en consecuencia. Si no agradecéis por todo lo que ya tenéis en vuestra vida, cerráis las puertas del cielo y no recibiréis mas. Estar llenos de gratitud de la mañana a la noche, si no tenéis lo que deseáis, ya sea desde un punto de vista sentimental, emocional, relacional o profesional, es porque no estáis en la buena longitud de onda, no vibráis en la buena frecuencia. Si poneis la radio en el 101.5, no esperéis recibir la emisión de radio que está en el 105,3, tenéis un buen aliado que es vuestro subconsciente. Si queréis cambiar vuestra vida y pasar a un nivel superior, pedir que os ayude a alinearos en la vibración deseada y necesaria para tener éxito, sabed que todo existe en un plan vibratorio. Vuestra única tarea, si, por supuesto es vuestro deseo, es alinearos a estas altas vibraciones y dejar de emitir vibraciones bajas, parad de quejaros porque no tenéis lo que queréis, porque esto no viene del exterior, si no del interior. No es mas que un tema de vibración, para conseguir el alineamiento, debéis cambiar vuestra forma de pensar, de ver las cosas y tomar vuestras decisiones. Por supuesto, al principio, tendréis que hacer esfuerzossustanciales, y esto no será siempre, ni evidente, ni fácil, pero el resultado bien vale la pena. Si no hacéis ningún cambio en vosotros, nada cambiará ni se manifestará a vuestro alrededor. Obligaros a ser positivos en todo momento porque la positividad es parte de las vibraciones altas, en otros términos, todo lo que vuestro cerebro emite, crea un campo eléctrico que se propaga a vuestro alrededor. El consciente decide y el inconsciente ejecuta. He aquí por que es importante alcanzar el alineamiento entre consciente, el corazón y el inconsciente. Cada cosa es, como todas las situaciones, las personas, los objetos, sin importar el dinero u otras cosas, tienen que vibrar en las frecuencias precisas. Debéis encontrar la buena frecuencia, canal, y debéis alinear los tres "yo" para que se realicen vuestros sueños y asistir con alegría la manifestación de vuestros deseos. Atraeréis en vuestro campo emocional a las personas y eventos que estén en armonía con vuestras vibraciones, ya sean altas o bajas. Sois vosotros los que debéis decidir, puesto que ahora conoces las consecuencias de vuestras elecciones. Podéis elegir quedaros con vuestras antiguas creencias y continuar viviendo las mismas experiencias, si os dan completa satisfacción, o podéis decidir utilizar vuestro poder para hacer tabla rasa y vivir una nueva vida llena de plenitud, alegría y abundancia.

CAPÍTULO 13: La ley de la Atracción y el Dinero

Napoleón Hill describió las etapas hacia el éxito y esto fue lo que dijo: La primera cosa indispensable para el cambio es el firme deseo. La ley de la atracción no se acomoda solo a un simple deseo, no, no es suficiente y no es suficiente querer ser rico para serlo. Hay que desearlo hasta la obsesión, elaborar un plan preciso e ir hasta el final con perseverancia. Napoleón Hill da muchos ejemplos de personas que tuvieron éxito. En 1908, entrevistó al millonario Andrew Carnegie, quien, en esa época, era el hombre mas rico del mundo y extremadamente poderoso. Según Andrew Carnegie, el éxito dependería de una sencilla fórmula que podía ser utilizada por cualquier persona. Le pidió a N. Hill que entrevistara a 500 hombres y mujeres que hubieran tenido un éxito extraordinario en su vida. Su misión era comprender lo puntos comunes, para poder escribir sobre este tema y dar a conocer la fórmula del éxito para que N. Hill la pudiera enseñar a otros. Entre las personalidades que N. Hill interrogó estaban Woodrow Wilson, Thomas Edison, Theodore Roosevelt y Henry Ford... Este proyecto duró una veintena de años. Andrew Carnegie tenía razón. El éxito lo tiene todo el mundo. Solo hay que conocer las reglas y ponerlas en práctica. N. Hill quería democratizar sus conocimientos para que se beneficiaran las clases sociales mas modestas. Pensaba que, sin importar el origen de una persona, merecía conocer los principios del éxito. Dijo: "Debéis fomentar las emociones positivas para dominar vuestro pensamiento y desterrar los malos pensamientos para siempre, es esencial" Y, además: "Lo que la mente puede concebir y crear, se puede conseguir."

He aquí los seis consejos que da Napoleón Hill para transformar un deseo de riqueza en realidad.

1. Fijar el montante exacto de la suma que deseáis (el objetivo no debe ser vago)
2. Saber exactamente lo que daréis a cambio del dinero que deseáis, porque no hay nada gratis
3. Fijar con precisión la fecha en que queréis estar en posesión del dinero
4. Estableced un plan que os ayudará a transformar vuestro deseo y ponedlo inmediatamente en práctica
5. Anotad claramente en un folio los primeros puntos
6. Leer cada día los objetivos en voz alta, un mínimo de dos veces al día, y cuando os despertéis por la mañana y al acostaros, Durante este ejercicio de afirmación, hay que ver, sentir y creer que ya poseéis el dinero.

Algunas personas tienen éxito rápidamente mientras que para otros tardará mas. Poco importa el tiempo que lleve, pero os debéis acordar de una cosa: "¡¡ NO ABANDONÉIS NUNCA!!"

Es un camino escarpado, lleno de trampas, de desánimo, algunas veces de burlas (conozco un hombre que tenía una clientela tradicional en un despacho y lo cerró para lanzar un negocio en internet. Algún tiempo mas tarde, se encontró con sus colegas que le preguntaron cuanto ganaba con su nuevo negocia por el que había abandonado todo, Este negocio no le había reportado mas que unos cuarenta euros. Por supuesto, ha sido el hazme reír de todos. Algunos meses mas tarde, su negocio valía su peso en oro, nunca lo abandonó, ¡a pesar de que debió ser muy difícil! Lo que parece un fallo, casi siempre esconde un éxito.

Thomas Edison tuvo que hacer mas de 10.000 ensayos antes de lograr inventar la lámpara incandescente. Cuando le preguntaron: "¿Cómo se siente cuando falló 10,000 veces?" Edison respondió. "No he fallado 10.000 veces, simplemente he encontrado 10.000 soluciones que no funcionaban."

Cuando Guglielmo Marconi anunció que había descubierto un medio para enviar los mensajes a través de la atmósfera y todo esto sin hilos, sus familiares le obligaron a someterse a un examen siquiátrico... Hay que tener un deseo firme para imponer su idea sin tener en cuenta lo que piensen los otros. Cuando se falla, hay que verla con la visión de Edison, cambiar de dirección hasta que encontréis la buena.

El éxito es una cuestión mental y de estrategia, 80% mental y 20% estrategia. Algunos grandes personajes han tenido éxito al sobreponerse a grandes retos. Beethoven, el gran compositor era sordo, el hijo de Napoleón Hill nació sin orejas, Steve Wonder era ciego igual que Andrea Bocelli, Michel Antoine Petrucciani, Helen Keller... La lista es larga.

Estas son las cinco reglas de oro que debéis conocer de memoria.
1. Decir: "Soy capaz de alcanzar el objetivo que me he fijado" y exigiros acciones continuas
2. Sabed que vuestros pensamientos dominantes pasarán por varios estados antes de transformarte en realidad física. Consagrad treinta minutos al día a pensar en el ser que deseáis ser, y visualizaros en la piel de la persona que queréis ser. Haceos una imagen precisa
3. Practicar la autosugestión, y tener vuestros deseos obstinadamente en vuestra mente. Así el objeto de vuestro deseo comenzará a manifestarse en vuestra

vida. Consagrad tiempo cada día para reafirmar la confianza en vosotros.
4. Escribir una descripción muy clara del objetivo preciso y perseverar en conseguirlo
5. Fijar el objetivo de ser honesto en todas vuestras transacciones para adquirir vuestra fortuna sin herir a nadie

Afirmando y repitiendo estas instrucciones a vuestro subconsciente, adquiriréis un estado mental que se llama la ley. Esta vez es necesario y primordial antes de la realización, la concretización de vuestro firme deseo, y sin ese firme deseo, será mucho mas difícil llevar a cabo el proyecto. Repitiendo estas afirmaciones, cuales quiera que sean, positivas o negativas, crearán vuestra realidad y no tendréis que quejaros porque recibiréis lo que habéis pedido. Estos pensamientos se anclan en vuestro subconsciente y terminan por concretarse en el exterior, porque inconscientemente, adoptáis las actitudes que están de acuerdo con vuestras creencias. El subconsciente traduce vuestros pensamientos en su equivalente físico y, si, por ejemplo, si os habéis creado la creencia de que todos los inviernos caéis enfermos... es lo que sucederá cada invierno, Y no digáis: "¡Pero si es la realidad! ¡Cada invierno estoy enfermo! ¡No puedo hacer nada! ¡Es así! ¡Por supuesto que podéis hacer algo! Por supuesto que podéis cambiar esa "realidad" que es la vuestra, porque forma parte de vuestra propia creencia. ¿Por qué, en vuestra opinión, ha personas que, cada vez se ponen enfermas al estar en contacto con el aire acondicionado o un ventilador? ¡Escuchadles hablar! Está anclados en su cerebro que, "cada vez que el aire acondicionado está encendido, me pongo enfermo!" Personalmente, siempre digo que tengo buena salud, que estoy bendecida con una salud perfecta. Tengo este anclaje desde siempre y francamente, lo estoy haciendo muy bien-

152

Es lo mismo para las personas que tienen un anclaje de "¡no tengo suerte! ¡Jamás he tenido suerte!" Este anclaje es extremadamente poderoso porque esas personas se condenan ellas mismas a la pobreza, a la enfermedad y a errar¡Desterrar los malos pensamientos! Vaciad vuestro subconsciente para vaciar vuestra mente, porque cuando un lugar está vacío, lo podemos decorar a nuestro gusto, se le pueden poner bonitos muebles, cortinas relucientes, luces que nos hagan sentir bien... Haced lo mismo con vuestro inconsciente. Llenarlo con bonitos pensamientos, lo que no dejará espacio a vuestras antiguas creencias y comportamientos que os hacen sufrir, que aportan frustración. Tristeza, cólera, resentimiento... Decir no, no quiero nada de esto y dar un gran SÍ a vuestra nueva vida.

Escribid vuestras peticiones, aprenderlas de memoria y repetirlas varias veces al día en voz alta para que vuestro subconsciente capte las ondas. Maravillosas perspectivas se abren y están disponibles para vosotros ahora. Y... ¡Vosotros lo valéis!

De inicio, debéis aumentar lo que se llama "la vibración financiera". Debéis aprender a familiarizaros con las experiencias pecuniarias, que pueden haceros sentir mal algunas veces, como os son conocidas, las experimentáis de nuevo. Tenéis que salir de vuestra zona de confort y atravesar probablemente un período incómodo, pero es un tránsito obligatorio.

En primer lugar, hacer un balance de las finanzas actuales y definir en que zona de confort os sentiríais cómodos. Pensad y razonad en ingresos anuales. Por ejemplo, vuestra zona de confort se sitúa entre 40 y 50.000€, quizás mas, sois vosotros los que os ponéis barreras. De todas maneras, estascifras, las podéis cambiar como os parezca, sois vosotros quienes las controláis.

Imaginad como os sentiríais con el dinero que habéis definido, cual sería vuestra vida con vuestros nuevos ingresos, como esto afectaría a vuestra vida, cual serían los principales cambios y lo que es mas importante, ¿cuáles serían vuestros sentimientos? ¿Qué sentiríais? Para que el cambio se opere, tendríais que practicar la autodisciplina y si algunos aspectos de vuestra vida son opuestos a la abundancia financiera que soñáis, debéis abandonarlos y dejarlos a un lado (evidentemente no hablo de vuestros seres queridos) Esa basculación fuera de vuestra zona de confort es obligatoria para cambiar vuestra vida, comenzar por cambios fáciles y ser creativos. Empezaréis a notar nuevas oportunidades que estarán de acuerdo con vuestro nuevo equilibrio, y vuestro nuevo nivel de energía, que las va a atraer a vuestra vida, os sentiréis sorprendidos por vuestra nueva apertura de mente que os permitirá ver formas novedosas de ganar dinero. Agarrad las oportunidades que se presenten y saber que la búsqueda de dinero no debe tener un fin egoísta, pensar en aportar vuestra contribución al mundo. Si, por ejemplo, dobláis vuestros ingresos, esto querrá decir que debéis aportar el doble de valor a los otros.

Mientras esperáis vuestro equilibrio financiero, pensar en reconocer y apreciar todas estas posibilidades que tenéis y que habéis creado, saber apreciar los resultados. Esta gratitud, os impedirá caer en vuestras antiguas rutinas de carencia.

Cuandolos pensamientos se acompañan de un sentimiento emocional poderoso, constituyen una fuerza magnética que atrae pensamientos similares una y otra vez. De ahí, nacen los planes y las intenciones. Los pensamientos provienen de las emociones, que se transforman en actitudes y dan resultados.

El subconsciente es un arma de doble filo, todo depende de la manera en que se utilice. Si se utiliza de forma negativa, viviendo con miedo, falta de confianza, os transformaréis por la autosugestión, en un pensamientoy una realidad desagradable y a veces peor.

Tenéis que hacer aumentar vuestra imaginación, la fe, el deseo, y la obstinación hasta que consigáis vuestros objetivos, hay que quererlo con toda elalma. A veces, es incluso necesario no escatimar ninguna opción. Quizás conocéis esta historia: Un general, habiendo navegado hasta las tierras del enemigo, hizo, cuando todo el mundo estaba en tierra, quemar todos sus barcos.

De forma que toda retiradaera imposible. Anunció a sus hombres estupefactos, que no les quedaba mas que una única alternativa para seguir vivos: ¡Triunfar! Cortando las puertas de salida, el general, exacerbó el deseo de vivir y de vencer de sus hombres. Así, no teniendo ninguna alternativa, arrasaron al enemigo siendo mucho mas numerosos y además luchando en su propia tierra.

Si deseáis ser ricos, no es suficiente desearlo, debéis hacerlo con firmeza, después debéis construir un plan preciso y hacerlo con perseverancia.

Un discípulo fue a ver a su Maestro y le dijo que deseaba oír la Verdad mas que otra cosa en el mundo. El Maestro no le dijo nada. Le cogió por el cuello, le llevó hasta el torrente mas próximo y le mantuvo la cabeza del pobre discípulo bajo el agua hasta que casi le ahogó. El infeliz discípulo luchaba tanto como podía. En el último momento, el Maestro le levantó y e dijo:

- Entonces, ¿qué deseabas mas que ninguna otra cosa en el mundo cuando estabas bajo el agua?

- ¡El aire! Le respondió el discípulo con voz débil.
- Bien. Cuando desees la Verdad como desees el aire hace un momento, estarás preparado para aprender.

Ved, esto es un firme deseo. Poniendo en práctica todas estas cosas por las que simples obreros se han convertido en millonarios, nadie puede triunfar si no lo cree, nadie puede tener éxito si vive con miedo, nadie puede tener éxito si continua viviendo con los grilletes de sus antiguas creencias inculcadas a menudo desde la infancia. Edison, fue expulsado del colegio a los nueve años. Su profesor e inspector le trataron como un idiota hiperactivo. En una carta que recibió su madre, el profesor escribió: "¡Vuestro hijo no sirve para nada! ¡Es deficiente! ¡No hará nada en su vida! Detectamos en él una enfermedad metal. No autorizamos a su hijo a volver al colegio." Edison era autodidacta y se convirtió en uno de los mayores inventores del mundo. Andrew Carnegie, era un simple obrero en una acería y se convirtió en millonario. Walt Disney, hijo de un carpintero, luchó durante años antes de diseñar a Mickey que le aportó la gloria. La verdadera riqueza pertenece a aquellos que han transformado sus pensamientos en fábricas, rascacielos, automóviles, trenes, aviones, ordenadores y muchas otras cosas gracias a un deseo poderoso y añadiendo la fe a lo que hacen.Cuando el deseo os empuja a multiplicar todos vuestros esfuerzos hacia la victoria, no escatiméis ningún esfuerzo y la victoria será vuestra porque a veces, partiendo de una derrota, el deseo empuja hacia la victoria. El deseo es una fuerza tan potente que nos ayuda a concretizar nuestros pensamientos y nuestros sueños y las cinco reglas citadas, son tan sencillas, que son fáciles de cumplir.

Grandes Hombres como Lincoln, Gandhi, Einstein y otros conocían estos principios y los ponían en práctica. Buda dijo: "Lo que te imaginas, te conviertes, lo que sientes, atraes, lo que te imaginas, lo creas." Todas estas personas extraordinarias, pueden ser consideradas como imanes, son capaces de unir y atraer millones de espíritus. Nosotros somos también imanes, por supuesto, no todo el mundo será un Gandhi, un Einstein, un Platón o un Buda, pero todos tenemos el poder creador para atraer hacia nosotros, gracias a nuestros pensamientos positivos, buenas personas. Es por la autosugestión que se comunica e influencia nuestra inconsciencia. Es de esta manera que tomáis el control, el subconsciente es como un jardín fértil donde las malas hierbas (pensamientos destructivos)crecen abundantemente cuando descuidas sembrarlo gracias a la autogestión. El subconsciente solo puede actuar a vuestro favor si tiene pensamientos llenos de emociones positivas. Hay que ser paciente, porque aprovisionar y dirigir sus emociones no es tarea fácil y es el momento de aprender la perseverancia mientras el desaliento debe ser desterrado.

- Cada noche, antes de dormir, cerrar los ojos y repetir en voz alta vuestra declaración con el montante que queréis adquirir, el tiempo y lo que daréis a cambio.
- Tened en mente vuestro deseo, noche y día, hasta que podáis visualizar lo que deseáis firmemente

De esta manera, dais las órdenes a vuestro subconsciente, entonces sentís las emociones que corresponden para que esta funcione. Acordaos, el amor, la gratitud y la fe son las emociones mas productivas.

Algunas personas, unas mas que otras, parecen atraer el éxito, la fortuna, el poder, la salud o las relaciones. Incluso podéis pensar que obtienen cualquier cosa sin esfuerzo, mientras que hay otros que fallan continuamente. ¿Por qué sucede esto? ¿Por qué en algunas familias una persona tiene éxito fácilmente, mientras que su hermano o hermana no lo consigue? ¿Podría resultar de una insuficiencia física? Si es así, ¡todas las personas con buena salud deberían tener éxito de golpe! Pero os dais cuenta que no es el caso, porque eso se sabría y si por lo tanto, la causa del éxito no es físico, no puede ser mas que mental. La deducción es que, si el éxito proviene de la parte mental, todo el mundo posee uno. Entonces, ¿dónde reside el poder? ¡EN CADA UNO DE NOSOTROS! Es por lo tanto primordial explorar y sobre todo explotar el potencialexistente. La mente es creadora, todo lo que existe ha sido creado, todo lo que hay, ha sido pensando antes de la electricidad, los coches, las locomotoras... Todo ha sido elaborado en la mente de alguien antes de existir. Vuestro poder mental es un poder creativo permitiendo crear vuestra vida personal y poner al día vuestros talentos ocultos. Acordaos. Cada vez que aprendéis un principio, solo se hace efectivo con su aplicación. No es suficiente leer un montón de libros para aprender, ni ir a conferencias, comprar programas de desarrollo personal o escuchar decenas y decenas de principios porque si no ponéis en práctica ninguno deellos, no obtendréis ningún beneficio y sobre todo, no adquiriréis ninguna competencia. Algunas personas actúan así, y durante toda su vida, no progresan ni un paso. Poned en práctica lo que aprendéis y dedica tiempo si es necesario porque vale la pena. Leyendo esas cosas, tomaréis consciencia de vuestro poder y de vuestros recursos interiores. Vuestra comprensión va mas allá de los límites que os habéis impuesto. Mirad a vuestro alrededor y veréis que todo está constantemente en movimiento. Millones de creaciones emergen a cada instante, ya sea en la naturaleza o en nuestras vidas. El segundoque experimentáis en ese momento es diferente al segundo precedente, lo antiguo desaparece para dejar lugar a la renovación.

Vuestro mundo exterior es el espejo de lo que pasa en vuestro interior y las manifestaciones exteriores son comparables a lo que se encuentra en el interior. Debéis esperar para conocer todas las riquezas y el potencial que reside en vuestro interior como el poder, la sabiduría y una multitud de otros recursos inagotables. Tan pronto como recuperéis la posesión de todos vuestros poderes, se manifestarán en vuestro exterior, y por esta razón debéis convertirse en creadores conscientes. Tenéis la responsabilidad de realizar vuestro pleno potencial de creador a fin de tener una vida abundante y optimista. ¡Cuántas cosas bellas y buenas están dormidas en vosotros! Solo piden expresarse en el exterior a fin de poder vivir en armonía con vosotros mismos, los otros y con la naturaleza. Vuestro futuro está completamente bajo vuestro control y nada ni nadie tiene el poder. Si queréis conseguir las condiciones de vida deseadas, es por tanto esencial controlar vuestros pensamientos, para poder aplicar ese principio sin importar las circunstancias y la situación. Es fundamental vivir con vuestro mundo interior, por desgracia, la mayor parte de la gente viven hacia el exterior. Y, sin embargo, es el mundo interior el que crea el mundo exterior, El mundo interior es la causa, por lo que el mundo exterior es el efecto. Si queréis crecer, sabed que es a partir de vuestro interior, el mayor error que gran parte de las personas cometen, es buscar el poder en su exterior.

Ninguna persona o ningún poder del mundo exterior se puede comparar a vuestro poder. Buscar ese poder en vuestro interior, porque conoce vuestro medio ideal.

Vosotros poseéis un poder, como cada uno de nosotros, pero es importante comprenderlo y reconocerlo para utilizarlo bien. Sabed que nuestro mundo, nuestra tierra es un organismo vivo lleno de belleza y debéis conocer algunas de sus leyes para vivir vuestro potencial en plenitud.

Vuestra vida tendrá un sentido mucho mas profundo y veréis mas claro todo lo que se pasa a vuestro alrededor porque vuestro mundo interior está bajo vuestro control.

Una de las leyes de la que os habéis dado cuenta y que la mayor parte de la gente a vuestro alrededor ha constatado también, es que el dinero atrae al dinero y la carencia atrae aunmas la carencia. Se han creado dichos sobre esto: "El dinero llama al dinero, una cosa mala nunca viene sola... Vuestra actitud es el resultado de vuestros pensamientos, lo que significa que el secreto de vuestro poder depende, únicamente, de vuestra forma de pensar. Solo podéis actuar en función de lo que sois, y, lo que sois, depende de lo que pensáis. Esto es porque, debéis tomar consciencia de que vuestro poder que es muy grande, mayor de lo que podéis imaginar. En la película "El secreto" de Rhonda Byrne, nos tiene en suspenso desde el inicio del film ya que nos habla de un misterioso secretoguardado por los mas grandes de este mundo y por un grupo de personas que han vivido en Babilonia. Vemos desfilar por la pantalla nombres de prestigio conocidos por todos, personas que guardan celosamente un maravilloso secreto, un secreto que aporta riqueza, felicidad, salud... El espectador se pregunta: "Pero, ¿cúal es ese secreto? ¡También quiero conocerlo! ¿Por qué está reservado a un puñado de personas, a una élite?" Y, a medida que la película se desarrolla, descubrimos poco a poco este enigmático secreto, se trata simplemente de la ley de atracción.

Cuando vi la película por primera vez, mi primera reacción fue pensar; "¿No es mas que esto ese fascinante secreto?" Me quedé un poco decepcionada porque me esperaba algo mas complicado, extraordinario, y fantástico.

Estuve intrigada por ese concepto y seguí mirando la película hasta el fin, y entonces, todo me pareció evidente, pero por supuesto, el film no dura mas que una hora, y todo no puede contarse en ese corto plazo de tiempo. Muchas personas pensaron que no era una película comercial, sin un verdadero contenido yotras personas creyeron que era suficiente sentarse con un canapé y bella música, cerrar los ojos y pensar muy, muy fuerte en su deseo. ¡Y hop! ¡Con un golpe de varita mágica, el objeto de sus pensamientos debía aparecer como por arte de magia delante de sus ojos! ¡Demasiado fácil! Por lo que, como no tenían ningún resultado, gritaron el fraude en internet.

Pero la ley de la atracción no funciona así. Demanda un mínimo de inversión personal y emocional. Si queréis ser testigos de milagros diarios y vivir en un estado de paz interior, mejorar vuestra vida y de aquellos que os rodean. La ley de la atracción es inevitable y está presente en cada instante de vuestra vida. Es imposible ignorarla y no lo podéis hacer, al igual que ley de la gravedad. Este conocimiento es fundamental para crear la vida que siempre habéis soñado, sabed también que, ¡nunca es demasiado tarde! Parad de dar vueltas y no os quedéis atascados en una situación que no os conviene o que se eterniza.

Tenéis la solución en vosotros mismos. Después de la lectura de este libro tendréis las claves y la dirección a tomar para conseguir el éxito, por supuesto, pero tendréis que pasar a la acción. Vuestros bloqueossaldrán a la luz y así, encontraréis las soluciones para remediarlos. No os presionéis y haced las cosas en orden, no hagáis muchas cosas a la vez para alcanzar vuestros objetivos masrápido. Es importante integrar todos los consejos y enseñanzas para ser eficaz. No se os vendría a la mente la idea de pedir un menú completo (entrante, primer plato y postre) a un recién nacido.

Os tendréis que armar de paciencia y perseverancia porque,¿vivís con lo que crees ser desde hace unos cuantos años? No intentéis cambiar todos vuestros hábitos al mismo tiempo, porque os arriesgáis a fatigaros, desmoralizaros y caer rápidamente en vuestros antiguos comportamientos. Cambiar una costumbre a la vez y reemplazarla por una nueva, y atacar la siguiente. Si procedéis de esta manera, seréis testigos de cambios en vuestra vida, a veces, no serán mas que pequeñas transformaciones que tendrán grandes repercusiones. Se dice que París no se hizo en un día, es lo mismo para los cambios que efectuamos en nuestras vidas, tranquilos, pero seguros. Dominar vuestra nueva costumbre e ir a por la siguiente. Un pequeño consejo; Haced la lista de todas aquellas cosas que os molestan por orden de prioridad y atacar primero la costumbre que mas os hace sufrir. Una vez que habéis cambiado esta costumbre negativa en positiva, abordar la siguiente que se ha convertido en la mas importante de la lista, y así todas. Cuando todas las antiguas costumbres se hayan transformado, os daréis cuenta con orgullo, que la que habéis colocado al final de la lista, porque la considerabais la menos importante, será la mas importante.

Vuestro ser interior es diferente de la imagen que mostráis de vosotros en el exterior. Lo que mostráis, es quizás miedo, una falta de confianza, cólera, celos, falta de fe en vosotros, en los demás y en vuestro Dios... Todo es un milagro en la vida, y persuadíos que vosotros mismos sois un milagro. Cada mañana es un nuevo renacer, verlo así, y cada día será para vosotros un milagro, una ocasión de hacer de vuestra jornada, un día extraordinario para avanzar en la dirección de vuestros sueños. Vuestra vida puede ser mágica. Tenéis todo el poder para atraer hacia vosotros lo mejor, y eso, todos los días. Por supuesto, para que funcione, debéis salir de vuestra zona de confort,y sobre todo, que duele al principio ya que allí reside la principal dificultad, pero esperar, porque los resultados obtenidos valen la pena.

Si pensáis en un barco dirigiéndose hacia un punto definido para llegar a un puerto preciso, si al inicio de la trayectoria se desvía unos milímetros, habrá un decalaje inmenso a la llegada y no llegará al lugar previsto. Es lo mismo para vosotros, cada decisión imprecisa que toméis os desvía cada día un poco mas de vuestro objetivo. La conclusión a sacar es que si quieres atraer lo que queréis, debéis saber con la mayor precisión posible lo que deseáis, porque cuanto mas precisos seáis mas felices seréis de constatar que el resultado está a la altura de vuestras esperanzas. Debéistomar decisiones firmes, luego participar con determinación, constancia y perseverancia. No os inquietéis, todo eso se aprende. Tan pronto como mostréis a vuestro Creador que está haciendo esfuerzos en ese sentido, todo se pone en movimiento en el Universo para que pueda tener éxito, sí, todo el Universo conspira para que cumpláis vuestros deseos. Sed conscientes y haced elecciones deliberadas para que todos los elementos se activen en vuestra dirección, pero cuidado con las dudas y vacilaciones porque es de allí donde vienen los blocajes, después los autosabotajes. Si no queréis perder el tiempo en la realización de vuestros deseos y si deseáis acelerar el proceso, actuad de acuerdo con vuestros deseos. Tomar las riendas de vuestra vida y acordaos siempre que tenéis un potencial ilimitado. Sostened firmemente el timón de vuestro futuro, puede ser radiante y magnífico si ponéis los medios, No os contentéis con quedaros impasibles y resignaos en el asiento del pasajero de vuestro vehículo, pero tomar el volante para dirigiros hacia el camino del éxito. No hagáis como algunos que pasan su tiempo quejándose de todo y que pierden el control de su destino. Cuando tenía unos veinte años, tuve un grave accidente de coche. Estuve hospitalizada varias semanas, tuve que andar mucho tiempo con muletas y la rehabilitación duró varios meses. Durante mucho tiempo, no conduje, y cuando montaba en un coche en el asiento del pasajero, estaba muerta de miedo, no confiaba en el conductor, aunque la persona fuera el mejor conductor. Solo me sentí segura cuando comencé a conducir de nuevo, porque conducía mi vehículo como me parecía, cuando era pasajera, dependía de que otro condujera. No viváis vuestra vida por defecto y no sufráis los hechos, ni personas ni en vuestra vida cotidiana.

Tomando el control de vuestra vida, volvéis a tomar vuestras decisiones, ya no diréis: "No es mi culpa", o "solo me pasa a mí" o "me pasa todo el tiempo..." Reaccionando de esta manera, adoptáis una actitud de víctima y una víctima no controla nada. Debéis convertiros en un ganador, y no persistáis ni os sumerjáis en ese estado de mártir. Acordaos de que todo lo que experimentamos en la vida, lo hemos atraído. Esta toma de consciencia puede ser un pasaje difícil, pero es un paso obligatorio. Con esta toma de consciencia, encontraréis la libertad, la libertad de hacer buenas elecciones y a traer mejores experiencias. Ser vuestro propio líder y abandonar vuestro estado de mártir, acordaos que la ley de la atracción actúa permanentemente. Continuamente estáis atrayendo hacia vosotros, tanto si lo queréis como si no. En el momento actual, no dependéis de vuestro destino porque sois el único responsable a bordo.

Mas que decir cosas como: "No tengo suerte", tomar la costumbre de decir: "Soy una persona con suerte". Estudios han probado que las personas que dicen tener suerte, tienen experiencias mucho mas alegres y positivas, contrariamente a los que se persuaden de no tener suerte. Hay que concluir, por tanto, que utilizando vuestro poder de decisión, vuestra vida no tardará en dar un giro para convertirse en algo mucho mas agradable y adaptado a lo que realmente aspiráis.

Tenéis que escucharos estando atentos a vuestros sentimientos, a lo que sentís y a vuestro instinto. Si no os sentís cómodos con vuestra decisión, si tenéis una bola en el estómago después de haber hecho una elección, es una señal de alarma. Atención para no confundir el malestar, miedo al cambio o la duda a no haber tomado la buena decisión.

Aprender a daros cuenta de las señales de vuestro ser interior para no ir contracorriente, de esta manera, aprendéis a controlar vuestro "universo". Vuestro ser interior conoce y dice conas de las que no tenía ni idea, es como si vuestra mente estuviera omnisciente. Escucharos y seréis el maestro de vuestro destino y seréis vosotros quien decida, por supuesto. No hagáis, tampoco, elecciones que vayan contra vuestras mas profundas convicciones solo para agradar a alguien o dar placer a otra persona. Es posible que hayáis tenido intuiciones que no habéis seguido y os habéis dado cuenta después de que era la buena. Sin duda habéis pensado: "¡Me tendría que haber escuchado!" Si adoptáis esta sencilla costumbre, habréis iniciado el camino de la felicidad.

Cambiad vuestras costumbres, pensad diferente y no tengáis miedo de alejaros de vuestra zona de confort, dar el paso hacia lo desconocido produce miedo y genera sentimientos de inseguridad. Las pequeñas transformaciones cotidianas aportan grandes resultados mas tarde. A veces parece muy complicado hacer elecciones, sobre todo si todas las opciones parecen buenas y es difícil para algunas personas tomar decisiones. Hay que aprender a modificar ese comportamiento que os pone en un estado de angustia y malestar, haced vuestra elección y no os quedéis a medias, ya que es una situación incómoda.

Cuando decidáis, no dudéis de la opción elegida, la ley de la atracción os permite tener éxito en vuestros proyectos. Adaptaos, sed flexibles y sobre todo continuar avanzando y confiando en la vida, porque solo quiere vuestro bien. Sois vosotros y solo vosotros quienes elegís el lugar hacia el que queréis ir. Cuando estáis en una estación de tren, encontráis dos tipos de individuos, los que saben encontrar su camino fácilmente, miran el panel de trenes y se dirigen a la vía para coger el tren.

Después mirad a algunas personas que se sienten perdidas, miran el panel, se dirigen a la taquilla de "información", preguntan de nuevo al jefe de estación, y algunos incluso llegan a preguntar a otros viajeros una vez que han montado en el tren. A esta categoría de personas les falta la confianza y dudan siempre de todo. Estas personas tienen miedo de equivocarse tomando malas decisiones, es tiempo perdido porque, en la mayor parte de las veces, determinadas decisiones deben ser tomadas rápidamente. El tiempo de duda puede llevar al fracaso, una oportunidad que es posible que no se presente jamás y que llevará al arrepentimiento. El filósofo François Garagnonescribió: "Entre los lamentos mas amargos que el tiempo puede incrustar en la memoria, podrían bien figurar estos dos lados de la misma moneda: no tener la audacia de decir SÍ cuando hubieras podido; no haber tenido el coraje de decir NO cuando hubieras debido".

Si queréis utilizar la ley de la atracción conscientemente a vuestro favor, debéis:

- Tomar decisiones
- Definir lo que queréis realmente
- Tener la íntima convicción de que, poco importa el tiempo ola distancia que os separe de vuestro objetivo, todo se pondrá en movimiento para conseguirlo

Para que la ley de la atracción pueda ser válida, debéis tomar una decisión y elegir lo quequeréis realmente. A veces es difícil tomar una resolución. En efecto, esto implica pensar en vuestras propias necesidades antes que en las de los otros, tomar ciertas decisiones puede dar miedo. No es siempre agradable ir hacia un destino desconocido, porque en general, la mayor parte de las personas tienen la necesidad de gestionar todo y tan pronto como surge un problema, entran en pánico. Hay que estar preparado a los cambios y tener el valor de modificar vuestra zona de confort.

Todos tenemos sueños y deseos en los que nos imaginamos el final. Pero entre el lugar en el que nos encontramos y el destino soñado, hay un camino mas o menos largo a recorrer, a veces llenos de trampas. Hay que estar preparado para recorrer el camino que os llevará al objetivo final.

Debéis hacer un inventario completo, tanto interno como externo considerando todos los planos de vuestra vida, ya sea el aspecto sentimental, trabajo, espiritual, financiero, familiar… Haced ese inventario escribiéndolo en un folio para tener una visión global de vuestra situación. Así, veréis mejor lo que tenéis que mejorar en la situación actual y acordaros que no estáis obligados a poner un punto por encima del otro. El Universo tiene en abundancia y tenéis el derecho a todo lo que os da. Para eso debéis de salir de vuestra zona de confort y adquirir la certeza de que vuestro objetivo os espera, incluso si la mayor parte del tiempo, los medios para lograrlo sean vagos o completamente desconocidos por el momento.

Para familiarizaros con este proceso de atracción, comenzar por objetivos que parezcan realizables. A continuación, cuando tengáis la costumbre de utilizar esta ley, podéis concretar cada vez mas los sueños.

Como atraer la riqueza.

Por ejemplo, si ganáis 1.500 euros al mes, apuntar primero a 2.500. Después a 5.000, 10.000, etc… Y esto, hasta que hayáis conseguido vuestro objetivo final, Concentraos siempre en lo que deseáis. No os focalicéis nunca en lo que no queréis, porque es lo que conseguiréis. La mayor parte de la gente emplea términos negativos. Por ejemplo: "Detesto este suelo, no quiero tener mas deudas, no quiero estar enfermo, etc…" Si estáis en este caso, os aconsejo escribiren una hoja todas las frases negativas que os impiden avanzar y rectificarlas por otras positivas.

Por ejemplo: "Detesto estar solo" puede ser reemplazada por "Me gusta estaracompañado". "No quiero tener deudas", por "Quieroque mis finanzas estén saneadas". "No quiero estar enfermo" por, "Quiero tener buena salud", etc... No os creéis límites porque vivís en un universo ilimitado y vosotros mismos sois un ser ilimitado. Imaginaos en una playa inmensa y que os focalizáis en un grano de arena sin prestar atención a los millones de granos de arena que están a vuestro alrededor, Pasaréis al lado de millones de posibilidades que están ahí pasa vosotros y la abundancia del universo se parece a esa gran playa. No paséis al lado de una multitud de posibilidades que estánahí permanentemente y no hagáis de un problema una obsesión. Analizar de inicio el problema, después aceptarlo, y por fin, buscar la lección que podéis sacar para progresar. Acostumbraros a dar gracias por todas las dificultades de vuestra vida porque nada es debido al azar y cada paso hacia delante es un paso hacia la victoria.

La riqueza y la abundancia son factores importantes para tener una vida estable y sin stress. Trabajar para ganar dinero es un medio para ser rico, pero existe otro nivel de vida, de abundancia, que requiere atraer la concepción de la riqueza y para esto, hay que tener una buena actitud y familiarizarse con el método que atrae la riqueza. Para hacer esto, debéis cambiar vuestra mentalidad de carencia por la mentalidad del que quiere ser rico. La riqueza y la prosperidad son un estado mental y para llegar hasta ese nivel debéis condicionar vuestro subconsciente para recibir la riqueza manteniendo una mentalidad positiva. La abundancia se puede presentar bajo diferentes formas, financiera, espiritual, relacional, profesional, buena salud…

Podéis ser prósperos en cualquier faceta de vuestra vida. Dejar la mente abierta a posibilidades, sugerencias, ideas de abundancia que existen a vuestro alrededor y que están a vuestra disposición, y sobre todo, recordar estar agradecidos.

Un gran número de personas creen que no tienen ninguna abundancia en su vida, pero es simplemente porque no son agradecidos, que es un elemento desencadenante del proceso de atracción de la abundancia. Escribid vuestro plan para atraer la prosperidad, incluyendo afirmaciones de gratitud. Podéis decir, por ejemplo: "Gracias por los 15.000€ que tendré al final del año". Si a la fecha elegida por vosotros, no habéis conseguido la cifra exacta que os habéis fijado, perseverar y conservar el sentimiento de gratitud y continuad en la búsqueda de vuestros objetivos. Podéis iniciar la jornada haciendo una meditación de agradecimiento, existen muy buenas meditaciones guiadas en Youtube.

Si os sentís cansados, agotados, os será mucho mas difícil recibir la abundancia, porque para atraer, tendréis necesidad de toda vuestra energía. Aceptar que os vais a separar de cosas o conocimientos que obstaculizan vuestro éxito y al mismo tiempo os debilitan. No escuchéis los mensajes negativos que os trasladan ciertos medios que instauran un clima de terror y de carencia para alcanzar el éxito, no tenéis necesidad de nada de todo esto.

No viváis por encima de vuestras posibilidades porque si gastáis mas de lo que ganáis, vuestras posibilidades de enriqueceros son casi nulas, salvo si ganáis la lotería, pero sabéis como yo, que las posibilidades son muy bajas. Reducir vuestros gastos y dejar de gastar a lo tonto en cosa fútiles y a menudo inútiles. Aprender a economizar. Os aconsejo leer un libro que se titula "El hombre mas rico de Babilonia" de Samuel Clason. Encontraréis buenos consejos en lo que se refiere a la forma de gestionar vuestro dinero.

No debéis poneros límites, porque esos límites existen ya, antes de que aceptéis su realidad.

Los límites son imágenes para nuestro cerebro, por lo que cuanto mas nos imaginemos los problemas, mas les damos vida, mas entramos en un círculo vicioso: problema / malestar / problema, etc... Debéis de dar media vuelta y alejaros en el momento en que os imagináis una dificultad y si aun así vuestra imaginación está tentada en pensar de forma negativa, dar un giro en vuestra imaginación y dirigir vuestras reflexiones hacia algo positivo. No deis ningún crédito a esta opción improductiva, si no, darconscientemente todo el poder a vuestros pensamientos positivos. Es así como activáis la ley de la atracción de una manera constructiva.

Cada día de vuestra vida está llena de elecciones. Desde que os levantáis por la mañana tenéis que tomar decisiones. Por supuesto, algunas decisiones son mínimas, por ejemplo, ¿qué me voy a poner esa mañana, o si voy a desayunar antes de ducharme? Este tipo de elecciones no influirá en vuestra jornada, salvo, por supuesto, si os ponéis unos pantalones cortos con -30° en el exterior. Pero otras decisiones son determinantes para vuestra jornada y vuestro futuro y todo resultará de vuestra selección, porque cada segundo de vuestra vida depende de las opciones que hayáis elegido. Decidir, por lo tanto, siempre tomar la decisión que os haga sentir bien. Hay palabras que deben desaparecer por completo de vuestro vocabulario, como: "Sí, pero", "por qué", "si", "voy a intentar"... Todas esas palabras, os llevan a conclusiones negativas. Acordaos; Debéis siempre esperar vuestro regalo con esperanza, alegría y felicidad, como un niño pequeño que espera el día de Navidad con impaciencia positiva, cuanto mas os preocupáis, mas bloqueáis vuestro éxito.

El ser humano adora autosabotearse y denigrarse, se subestima, critica, no sabiendo ver todo lo que hay en él... Es el momento para pasar a la siguiente velocidad dejando a un lado todo lo que no merece vuestra atención.

Manteneos alejados de todo lo que os puede distraer de vuestro objetivo, a veces es necesario decir "no" a una situación o persona que va en contra de vuestro interior real. Debéis tomar consciencia aquí y ahora que sois responsables de vuestro propio bienestar antes que el de los otros... La felicidad viene de lo que hay en vosotros y, por lo tanto, como persona, tenéis la responsabilidad de cultivar vuestro bienestar. No os contentéis y no os condicionéis a la penuria o las carencias, debéis en un primer momento aprender a amaros, a apreciaros y a respetaros, No dejéis desanimaros por los otros que os dicen que vuestros sueños son imposibles, diciéndoos que es algo utópico, esas personas están describiendo sus propios límites. A veces, son personas de vuestro alrededor que os tienen cariño que piensanque dándoos consejos sinceros, os evitan sufrimientos, fracasos y frustraciones, en otras ocasiones las personas les gusta dar su opinión sin que se les pida. Acordaos: Todo lo que entra en vuestro cerebro puede convertirse en un bloqueo si no prestáis atención, por lo que estar atentos y crear vuestra propia realidad.

Muchos de nuestros problemas son debidos a nuestra infancia. Mientras los niños se comportan de acuerdo con lo que quieren sus padres, si son obedientes, son recompensados con amor o regalos. Si su comportamiento es contrario a lo que desean los padres, pueden ser castigados, y de hecho, la mayor parte de personas asocian el castigo a una falta de amor.

Mientras no estéis seguros al 100% de lo que queréis, bloqueáis la ley de la atracción y como ya no estáis al timón, atraéis hacia vosotros las experiencias tanto positivas como negativas y no es imposible que vuestros deseos se echen a perder inconscientemente. De hecho, vuestra confianza en vosotros mismos disminuye y los resultados son la falta de dinero, no ganar suficiente, no encontrar un alma gemela, caer enfermo...

Debéis ser honestos con vosotros mismo y debéis proceder a una profunda introspección. Os pongo un ejemplo: Cuando montáis a caballo, debéis mirar en la dirección a la que queréis ir, vuestro cuerpo se gira entonces sensiblemente del lado donde miráis. Del mismo modo, si concentráis vuestra atención en una dirección, dirigís vuestras acciones en el sentido que deseéis. Cesad, por lo tanto, de centraros en cosas que no os interesan, en lo que no queréis, en lo que os da miedo, en lo que odiáis, porque hay muchas posibilidades de que atraigáis todas esas cosas. El principio fundamental de la ley de atracción es que cuanto masprestáis vuestra atención en un pensamiento o acción, mas se expandirá. Tomar la costumbre, a partir de ahora, de aplicar este principio a diario, porque al tomar esta costumbre, creáis unautomatismo y así no tendréis la necesidad de reflexionar en lo que vais a hacer, porque lo haréis de forma sistemática. Acordaos: El universo atrae hacia vosotros las circunstancias y las experiencias en las que masos enfocáis.

¿Os habéis dado cuenta que las personas que se quejan sin cesar, viven siempre experiencias que les llevana crear otras ocasiones para que sientan lástima de ellos?Mientras se quejan, pasan a su lado maravillosas experiencias de vida.

Haceros una pregunta fundamental: "¿Cuáles son los obstáculos que me impiden tener éxito?" Ser conscientes y realistas de vuestras capacidades y no las minimicéis jamás. Cuando llenáis vuestra cabeza con los problemas diarios, no podéis llenarlas con pensamientos positivos y no hay espacio para encontrar soluciones a vuestros problemas.

No podéis tener un pensamiento de vibración alta y un pensamiento de vibración baja al mismo tiempo, elegid la mejor opción. Igual que un ordenador, que cargáis con programas muy pesados y cuya memoria está llena, ¿qué hacéis si no tenéis mas espacio de almacenaje? Lo vaciáis.

La meditación es una maravillosa solución eficaz para reducirel flujo de pensamientos, acordaos, mas de 60.000 pensamientos por día pasan por vuestra cabeza.Os doy un pequeño consejo que podrá, sin duda, ayudaros. Cuando un pensamiento llegue y sepáis a ciencia cierta que no se adecúa a la realidad que deseáis, convertir ese pensamiento en burla, hablarles, decirles que son completamente disparatados. Tengo otra combinación que utilizo regularmente: He dado un nombre a mi subconsciente. La he llamado bla-bla. Cuando un mal pensamientome abruma, sé que viene de mi subconsciente, entonces utilizo este subterfugio. Yo le hablo y le digo: "Bla-bla, sé que estás ahí como siempre para venir a ayudarme y protegerme. Te lo agradezco mucho, te estoy agradecida por todos tus sabios consejos que me has dado hasta ahora, pero en este caso, no tengo necesidad de ti. Entonces déjame tomar mis decisiones sola. Gracias." Y para mí, ¡funciona!

Podéis también tumbaros confortablemente en vuestro sofá, cerrar los ojos, y mirar vuestros pensamientos pasar delante vuestro, como si fueran nubes que pasan. Este método es extremadamente eficaz, porque dejáis pasar vuestros pensamientos ociosos y no les dais importancia. Entre cada pensamiento, hay un silencio. Concentraos lo mas a menudo posible en esos silencios. Las personas que tienen éxito en la vida, practican la meditación, porque es una concentración poderosa. De esta manera, os liberáis de vuestros pensamientos negativos, y hacéis sitio a vuestra imaginación creativa. Meditando, encontráis mas fácilmente respuestas a vuestras preguntas y solución a vuestros problemas.

Pensaréis que sin duda controlar 60.000 pensamientos es un trabajo titánico y es verdad, en parte. Entonces, ¿cómo lo solucionaréis? Una manera fácil y sencilla para diferenciar los buenos de los malos pensamientos es referirse a vuestras emociones porque ellos no se equivocan nunca.

Si os sentís tristes, desmoralizados o deprimidos, analizad bien los pensamientos que han atravesado vuestra mente, vuestras emociones son un termómetro infalible, La única cosa a hacer cuando os veis invadido por pensamientos negativos, es remplazarlos por emociones positivas, alegres y optimistas. En principio, los pensamientos mas recurrentes se centran en lo que no tenemos. El error que se comete a menudo es estar obsesionado por el objetivo a alcanzar. Es esencial vivir el momento actual y hacer lo mejor posible en cada momento teniendo confianza en vosotros y en la vida, porque la vida trabaja por vosotros y no contra vosotros. ¿Por qué algunos tienen éxito y vosotros no? Sin embargo, os lo merecéis tanto. Hay que poner en práctica los pequeños ejercicios y las técnicas mencionadas en este libro. Una clave poderosa de la que ya os he hablado varias veces es: LA GRATITUD. Sed siempre agradecidos por todo lo que ya tenéis, por todo lo que ya habéis recibido y de todo lo que está aun por venir, porque hay millones de bendiciones y cosas maravillosas en preparación.

Hay que suprimir de vuestra vida todo lo que es negativo. Si queréis llegar a un nivel de vida mas elevado que el que tenéis ahora, es obligatorio que cambiéis algunas cosas. ¿Vuestra vida os satisface? ¿Estáis buscando la felicidad? ¿Sois felices en vuestro estado actual? ¿Las decisiones que habéis tomado hasta el momento presente os han dado la vida que deseáis?

Si es así, sobre todo no cambiéis nada. Si continuáis teniendo el mismo comportamiento que en el pasado, tendréis los mismos resultados. ¿Qué hacer entonces? Como he dicho antes, e insisto mucho, dejar de rodearos de personas negativas, porque este tipo de personas quita la energía de las personas felices y alegres. Si las personas que os rodean están llenas de cólera o se quejan sin cesar, si es posible, apartarlas de vuestra vida,porque nos parecemos a las cinco personas con las que mas estamos en contacto.

Elegir a vuestros amigos con prudencia o discernimiento, si no lo hacéis, arriesgáis a caer en la negatividad, y a su vez atraeréis personas negativas que tienen el mismo estado mental que vosotros y así se instala un círculo vicioso. Si tomáis esta decisión, apercibiréis que algunas personas desaparecerán de vuestra vida como por arte de magia. Evidentemente, no podéis eliminar a vuestra familia o huir de ella. Tomar el asunto en vuestras propias manos, orientar las conversaciones sobre los temas que os gusten y evitar los negativos o sensibles, No habléis de vuestros sueños a cualquiera y aseguraos, si habláis de ellos, de hacerlo con personas que no os desanimen o que no se rían de vuestros proyectos.

Dejad de darle vueltas. Entre los 60.000 pensamientos que pasan por vuestra cabeza, la mayor parte son pensamientos negativos. No es necesario añadir mas, porque atraemos aquello hacia lo que dirigimos nuestros pensamientos, entonces dejar de mirar las noticias porque no os aporta nada bueno. Mirar el clima de tristeza que reina por todas partes, los medios de comunicación son en gran parte responsables y a los espectadores les gusta. No os podéis sentir bien mirando todas esas malas noticias, todos esos dramas, todas esas catástrofes... Después de haber escuchado todas esas noticias, enviáis señales negativas y propagáis ondas negativas. Por supuesto, queréis manteneros informados, pero no pongáis ninguna emoción en todas esas noticias en las que no podéis intervenir. Cuando tenga lugar una catástrofe, os daréis cuenta deque en la oficina, en las tiendas, en la calle, todo el mundo habla de ella, se instala entonces, un clima improductivo a nuestro alrededor. Dirigid vuestra atención a las cosas bellas de este mundo, que hay multitud. En internet, por ejemplo, podéis encontrar todo tipo de noticias o situaciones positivas, que os lleguen al corazón, divertidas o edificantes.

He tenido la ocasión de ver, hace ya algún tiempo, videos concernientes a personas daltónicas que me han hecho llorar de emoción.

Existe un tipo de daltonismo llamado monocromatismo. Las personas que tienen están afectadas por esta enfermedad ven el mundo en blanco y negro. Existe actualmente gafas llamadas "En Chroma" que permiten a estas personas ver el mundo en color. En estos videos, veis a personas mayores, maravilladas desde que utilizan ese tipo de gafas. Personas que han vivido decenas de años viendo todo lo que les rodea en negro y blanco y que de golpe, gracias a la ciencia y a la tecnología, ven los colores del mundo, como nosotros tenemos la posibilidad de verlos. ¿No es maravilloso? He aquí el tipo de noticias que me gusta ver, y solo es un ejemplo. Hay millones de cosas bonitas y extraordinarias que pasan en nuestro mundo. Cuando veis estas cosas, vuestra energía y vuestras emociones no pueden ser mas que positivas y es muy importante evitar las imágenes, la música, las conversaciones negativas, por lo que vuestra mente debe dirigirse hacia las cosas que os eleven. Así con este estado mental, podéis atraer mas fácilmente vuestras experiencias positivas. Vuestro subconsciente es vulnerable, por lo que dejar de llenarla con información inútil.

CAPITULO 14: Vigilar sus palabras

Prestad atención a la música que escucháis, porque algunas músicas puedendisminuir vuestro nivel energético. Las palabras que pronunciáis son también muy importantes, porque cada palabra tiene una frecuencia. Habituaos a hablar de forma positiva siempre, porque si os quejáis de la falta de dinero, sufriréis penurias y os agotaréisal unir ambos extremos. Hablar del dinero de forma positiva y alegraos del éxito financiero de los otros. Cuando proferís insultos, es a vosotros mismos a quienes hacéis daño, entonces, tomar el tiempo para analizar las palabras, las palabras que pronunciáis y daos cuenta rápidamente que vuestra vida es una adecuación con las palabras que soléis decir. Si habláis de dificultades, de enfermedades, de penuria, si criticáis, os quejáis, programáis experiencias similares a vuestras palabras. Parad de crear en vuestra cabeza escenarios negativos y dramáticos. Os merecéis una buena vida, entonces remangaros y cambiar vuestra forma de pensar como he dicho, el pensamiento conduce a la emoción, la emoción condice a la acción y la acción da resultados.

Memorizar este esquema: P.E.A.R

P=Pensamientos

E=Emociones

A=Acciones

R=Resultados

Expresaros de forma diferente y vuestra vida será diferente. No se trata solo de un pequeño cambio en vuestra vida. Es suficiente expresarse de forma diferente y consciente. Estad vigilantes a todo lo que sale de vuestra boca. Medir vuestras palabras y si por desgracia una palabra negativa sale espontáneamente, deteneos inmediatamente. Desterrar las palabras y las expresiones como: Difícil, nunca, imposible, incapaz, sin suerte, atrás, quizás, toda buena cosa tiene un fin...

Los padres quieren todo lo mejor para sus hijos, entonces prestar atención a las palabras que utilizáis delante de ellos. Los niños son como esponjas que aprenden todo lo que se les dice. Sabéis que su cerebro es maleable y tierno como la mantequilla. Vuestros padres, inconscientemente, os han inculcado falsas creencias. No hagáis lo mismo con vuestros hijos, porque sois responsables de sus creencias futuras, Gracias o debido a lo que les enseñáis, sus pensamientos, sus palabras, sus acciones forjarán su futuro. Ahora que conocéis como funciona la ley de la atracción, dadle a vuestros hijos, si tenéis, el maravilloso regalo que es utilizar conscientemente en vida esta ley.

Cuando tenéis un proyecto, un sueño, un objetivo, habituaos a hacer frases de forma positiva. Por ejemplo: "No llego a" por "Puedo hacerlo", " no quiero que" por "quiero que", "no me debo olvidar de" por "me tengo que acordar de", "no sé como hacer" por "puedo encontrar la solución..." Aprender a concentraros en vuestra palabras al principio, hasta que se convierta en un automatismo. Haced este ejercicio a diario, escuchad hablaros y cambiad vuestras palabras negativas poco a poco, porque vuestras palabras tienen mas impacto en vuestra vida que vuestras acciones.

Cambiar vuestro vocabulario negativo por un vocabulario positivo y rápidamente, veréis los cambios que se producen en vuestra vida.

Cuanto mas utilicéis esta forma de hablar, antes atraeréis mejores cosas. Y de ese modo, obligatoriamente, se incrementará vuestra energía. Estaréis de mejor humor y apreciaréis mucho mas todo lo que os rodea. Tenéis un poder extraordinario sobre vuestro universo y vuestra realidad.

Si deseáis mas dinero, pero miráis el buzón esperando con angustia vuestras facturas, si miráis vuestra cuenta bancaria con miedo, lo único que engendraréis es mas temor, pero seguiréis sin tener mas dinero. Si tenéis envidia de algo,de alguien (amor, bienes materiales, cualidades intelectuales o espirituales) nunca los tendréis. Al contrario, si veis a una persona tener éxito en cualquier campo, alegraos por ella con sinceridad porque reaccionado de este modo, veréis vuestro corazón cambiar, y las buenas cosas fluirán hacia vosotros. Pero, por supuesto, vuestros sentimientos deben ser sinceros. Quizás al inicio os veréis obligados a esforzaros un poco, pero no os preocupéis, pronto esto se convertirá en una costumbre, después en un automatismo. En un primer momento, analizad y ved cuales son los sentimientos que sentís.

Hay un método que es muy eficaz, consiste en escribir cada día las afirmaciones positivas, así es mas fácil de retener. Por ejemplo: "Soy alguien extraordinario", "me merezco lo mejor", "soy tan feliz ahora que gano 5.000€ al mes", "siempre tengo excelente salud,..." Este ejercicio es extremadamente poderoso, pero os preconizo escribir de forma manual y no en vuestro ordenador. La escritura manuscrita activa las capacidades cerebrales, como el pensamiento, la lengua, la memoria y la motricidad.

La escritura manuscrita ayuda a acordarse. Escribir manualmente es una operación neuromotriz muy complicada, por la que un gran número de músculos los mueve el cerebro vía el sistema nervioso.

La escritura manual lleva una reflexión consciente e inconsciente mucho mas consecuente, que si hacéis el trabajo o ejercicios utilizandosolo la mente. Escribiendo con un lápiz o un bolígrafo, vuestro cerebro busca las respuestas y las soluciones a los problemas a los que estáis confrontados. Podéis escribir los mensajes, y pegarlos en el frigorífico, en el espejo del cuarto de baño, vuestro ordenador, en cualquier parte donde las podréis ver lo mas a menudo posible.

En lo que se refieren a rezar, seáis creyentes o no, no formuléis vuestros rezos de forma negativa, hablando de carencias o penurias. Aprender, mas bien, a reivindicar bajo una forma de gratitud frente a la abundancia. Conozco personalmente a una familia muy creyente, pero que sienten placer en quejarse continuamente. La vida de estas personas está perpetuamente llena de carencias (dinero, salud, relaciones...) Yo me digo que su vida debe ser un verdadero infierno, porque viven realmente de acuerdo a sus quejas. Piensan que su Dios les aprueba y están realmente convencidos de que hay que sufrir y vivir todas las tribulaciones para ser reconocidos y aceptados por Dios. He intentado muchas veces hacerles comprender que ellos mismos atraen sus miserias, en vano. Los niños se crían en este ambiente, así que los nietos reproducen esta negatividad permanentemente. Todo el mundo es derrotista, lleno de amargura, siempre tristes y desgraciados. ¡Maldita sea, eso no es vida!

Hay que creer para ver y no ver para creer, hay que creer en Dios, en el universo, en la vida, en vosotros. Eso se llama fe y poco importa en quien tengáis fe, lo importante es que tengáis confianza. Por mi parte, he puesto mi confianza en Dios.

Todos estamos aquí, sobre la tierra, para ser felices y para experimentar la felicidad. Escucho a menudo decir, "¡la vida es dura!". Lo será si lo repetís continuamente.

Me ha sucedido a menudo estar esperando mi turno para pagar en la caja de un gran supermercado y escuchar a una persona decir "¡Parece que hace bueno hoy!" La respuesta que se escucha rápidamente por otra personas es: "Sí, pero no va a durar! ¿Y por qué no va a durar? De todas formas, que el tiempo sea bueno, que llueva, que nieva, que haga viento... Todo esto no debe tener ninguna incidencia en como nos sentimos. Debéis estar eufóricos sea cual sea el tiempo, las circunstancias o las personas a vuestro alrededor. La alegría y la felicidad están en vuestro interior. Existe, por supuesto, en algunas tiendas, píldoras, digamos, eufóricas, estar seguros quees polvo mágico. Todo es una cuestión de condicionamiento de vuestra infancia. Es como para los caballos, si no hacen exactamente el ejercicio que le habéis pedido y lo regañáis (algunos que se llaman caballistas, por desgracia, son violentos con los caballos), asociará este ejercicio a un castigo. Si por el contrario, al menor esfuerzo que realice el caballo, le recompensáis con una caricia o un trozo de zanahoria, asociará el ejercicio con el bienestar. Es lo mismo para vosotros. En vuestra infancia habéis sido probablemente programados para asociar algunos elementos externos a algunas emociones, por ejemplo: Si alguien me habla mal, entro en cólera. Si me felicita, me siento feliz... Así, asociando vuestras emociones a los elementos exteriores, no domináis la situación y os convertís en dependientes de todo lo que os rodea. No intentéis tampoco, tener razón siempre. Los conflictos no traen nada bueno. Tener razón halaga vuestro ego, pero esto no es siempre la realidad.

Sed conscientes que las emociones que sentís son un signo de alarma. Porque como os he dicho, las emociones no se equivocan nunca. Intentad vivir un día entero sin quejaros ni una sola vez. Cuando hayáis logrado pasar una jornada sin lamentaros, hacer el ejercicio durante dos días, después tres, después una semana, etc...

No seáis parte de esas personas que están permanentemente de mal humor sin importar las circunstancias. Elegid,como muchas otras personas que son felices con pequeñas cosas. ¿Es que vuestra felicidad depende de los otros? No, la felicidad depende de vosotros mismos. Sed felices y estar alegres y la vida os lo devolverá.

Hacer como si

Imaginad lo mejor y seguramente lo atraeréis, porque vuestro subconsciente no hace ninguna diferencia entre lo que veis y lo que imagináis. Para él, vuestros sueños son reales y el único problemaque debe ser erradicado por completo, se llama la duda. Debéis creer que lo vais a conseguir. Por lo tanto, comenzar desde hoy a visualizar con precisión lo que deseáis, para aumentar las posibilidades de atraerlo rápidamente. No perdáis vuestro tiempo imaginando escenarios para conseguir vuestro proyecto. Los mediospara conseguirlos se os presentarán.Manteneros alertapara daros cuenta de las oportunidades que se os presentarán. Debéis aprender del pasado, preparaos para el futuro, pero es importante vivir el momento presente, así encontraréis la felicidad. Si vuestra mente vive en el pasado o en el futuro, es como si estuvierais ciegos a lo que se pasa alrededor vuestro en ese momento. Sed conscientes, que solo vuestro presente puede transformar vuestro futuro.

Tomad el tiempo a diario, para visualizar vuestros deseos. La visualización de vuestro sueño debe ser tan preciso como posible. Hacedlo siempre por escrito. Si es un coche lo que queréis, pegad una foto de ese vehículo en el papel. Detallad todo: La marca, el color exterior, el color interior, tela o cuero, su precio, el número de puertas, el año, el número de kilómetros…

A continuación, ir a un concesionario, y probar vuestro magnífico vehículo y tener el placer de conducirlo.

Cada vez que practiquéis vuestra visualización, poneos en la situación. Debéis tener todos vuestros sentidosdespiertos: la vista, el olfato, el tacto... Y eso es válido para todos vuestros sueños. Ese ejercicio es mental y muchos deportistas de alto nivel visualizan sus recorridos o sus partidos sintiéndolos profundamente, con todos sus sentidos, como si ya lo hubieran hecho. Este ejercicio, si se hace correctamente, no es solo mental, si no también físico, porque todos vuestros músculos están involucrados. Debéis sentir vuestro deseo (coche, casa, relación, dinero, éxito, salud...) Lo mismo a nivel mental que a nivel corporal. Para algunas personas, esto será mas difícil. Pero estar seguro que con la práctica llegaréis a conseguirlo.

Os voy a dar un ejemplo que he visionado en la película "El Secreto", a propósito de Jack Canfield. Un amigo suyo, le había aconsejado pegar un cheque en el techo de su habitación para que lo viera todos los días. Por lo que ha hecho un cheque de 100.000€. En esa época, percibía un salario que no era nada especial y no tenía absolutamente ninguna idea de como ganar esta suma de dinero en un año. Había escrito un diario que guardaba en su despacho y en el que ya no pensaba. Un día tomando una ducha, pensó de nuevo en ese libro olvidado y se hizo la pregunta. "¿Cómo puedo hacer para publicarlo? Mas tarde vio un anuncio y calculó el número de libros que debería vender para llegar a ganar esa famosa suma de 100.000€ a final de año, como tenía previsto. Después aumentó la suma que deseaba. En el momento presente se ha convertido en un autor de éxito y un gran conferenciante americano. Su serie de libros titulados "Caldo de pollo para el alma" tiene mas de 200 títulos, traducidos en mas de 40 idiomas y vendidos mas de 112 millones en el mundo, de los que 150 títulos son números uno y algunos de ellos figuran en la lista de los 10 mejores vendidos. Es un récord en el mundo. Todo esto porque lo visualizó ycreyó en sus sueños. Ha puesto los medios sicológicos y vibratorios para tener éxito. Si él lo ha conseguido, vosotros también podéis hacerlo.

Evidentemente, no solo hay que visualizarlo, hacer incantaciones, tener pensamientos positivos, así como buenas emociones, también hay que reaccionar.

No emprendáis nada mientras estéis en un estado negativo como la ira, la duda o el miedo. Porque vuestras acciones en esos momentos, arriesgáis a aportar lo inverso a lo que deseáis. Acordaos siempre que hay un 80% mental y 20% de acción.

Acostumbraros desde el momento presente, a apreciar todo lo que hacéis, sin importar la tarea a cumplir porque es con vuestra actitud positiva que atraeréis hacia vosotros las mejores cosas. Mostrar a vuestro Creador que deseáis realmente con todas vuestras fuerzas conseguir la luna. Haced todo con fe, sin dudar. Una persona que yo conocía quería trasladarse a otra ciudad y no sabía como hacerlo, porque tenía tres meses de preaviso para dejar su piso. Ella dio, por lo tanto, el preaviso y empezó a buscar un empleo y un apartamento en esa ciudad. Rápidamente encontró un empleo, pero no lograba encontrar alojamiento. Todo se hacía por teléfono, lo que era mas difícil. Estaba en conversaciones con una persona de una agencia inmobiliaria y los tres meses habían casi expirados. Realmente estaba estresada por ella y su familia. Ella seguía confiada y llena de fe. Había reservado el camión para la mudanza para una fecha prevista. Recibió la respuesta positiva para el apartamento el día anterior a la fecha prevista para la mudanza. Se mantuvo en un estado zen durante todo el tiempo, mientras que todos los que estaban a su alrededor estaban estresados. Es lo que se llama prueba de fe. Aprendí mucho de esta experiencia. Alguien dijo un día: "Tírate al vacío y encontrarás la red" Esta situación es válida para cada momento de nuestra vida. En algunas circunstancias, habrá que ser paciente y perseverante. Es como una semilla que regamos, hay que humedecerlo cada día antes de que de frutos.

Mostrar el poder universal que estáis preparados a dar cualquier cosa para conseguir lo que deseáis. Es lo que se llama el deseo firme.

Mantened los ojos bien abiertos para que no pasen a vuestro lado buenas oportunidades y practicar bien para controlar vuestras emociones negativas y después concentraos en vuestro objetivo. Cuanto mas hagáis esto, mas os convertiréis en el mago de vuestra vida.

CAPITULO 15: ¿Por qué los bloqueos?

¿Por qué tardo algún tiempo en ver mis sueños realizados? Simplemente porque hay que transformar vuestras costumbres y vuestros esquemas de vida. Muchas personas bloquean inconscientemente sus poderes de atracción positiva. Poniendo en práctica todo lo que os he dicho anteriormente, y eso, diariamente, para que podáis intensificar vuestra capacidad para atraer todo lo que es bueno para vosotros en todas las áreas de vuestra vida.

La mayor parte de nosotros somos demasiados impacientes, nuestros planes no se consiguen a la velocidad que nos gustaría, por lo que nos sentimos frustrados. A veces, también, vivimos una o varias circunstancias negativas que nos sumergen en una gran confusión. Por supuesto, incluso si dichos como: "Después de la lluvia, el buen tiempo", "la noche es mas negra antes de que amanezca". ¿Sois responsables de lo que os sucede? ¿Habéis atraído esas calamidades? ¿No habéis hecho todo lo que podíais? ¿Todo lo que habíais podido aprender? Varias razones pueden estar en la raíz de vuestros bloqueos. La ley de la atracción es una ley extraordinaria que está a nuestro servicio y estáis ahí para aprender a comprenderla y utilizarla.

Todos hemos conocido situaciones estresantes, frustrantes, que pueden llevarnos a un gran desorden, y a veces nos pueden hacer caer en un intenso dolor. Todos tenemos multitudes de ejemplos en nuestras vidas y en el día a día.

Estáis atrapados en un atasco, aunque debéis llegar a una entrevista para un nuevo empleo y lo perdéis, habéis invertido en un negocio que os ha ido mal, debéis quedaros acostados a causa de una caída, por ejemplo, la visita de una persona importante se cancela en el último momento... Es este tipo de situaciones extremadamente desagradables que pueden pasar en cada momento del día y que hace aumentar en nosotros el stress, miedo, decepción, cólera... Este tipo de sentimiento, aunque sea legítimo, no puede frenar, ni bloquear nuestra progresión si les dejamos continuar.

A veces podéis haceros la pregunta: "¿Por qué la mala suerte se ceba conmigo?" Haceros mas bien la siguiente pregunta: "¿Es que inconscientemente tengo miedo a triunfar?" Aprender a detectar todo lo que puede bloquearos e impediros que os dirijáis hacia el triunfo. Existen distintos miedos. Hay miedo a la carencia, a la pérdida a fallar, el miedo a triunfar... A veces podéis estar en contra de vuestros deseos, a causa de vuestras creencias y vuestros miedos y podéis tener al mismo tiempo dos pensamientos completamente opuestos. Es como si estuvierais al volante de un coche muy potente, y aceleráis lo mas que podéis para avanzar, pero que al mismo tiempo, vuestro pie se apoya a fondo sobre el freno o que habéis dejado el freno de mano echado.

Existe mas de un camino que puede llevaros hacia vuestros objetivos, a pesar de las ventajas y los inconvenientes. Para esto debéis hacer un ejercicio de introspección, en el que se requiriere mucha humildad y honestidad por vuestra parte. Acordaos, una gran parte de lo que vivís, lo habéis atraído inconscientemente. Algunas veces los inconvenientes aportan beneficios alos cuales resulta difícil rechazar.

Por ejemplo, cuando os quejáis, vuestras emociones son negativas (inconvenientes). Pero adoptando esta actitud, esperáis la comprensión, la consideración y el reconocimiento de los otros (ventaja). A veces es mas difícil afrontar unl problema que desconocemos.

Haceros la pregunta: ¿Qué es lo que masenvenena mi vida diaria? Escribid en un folio las ventajas por un lado y los inconvenientes por otro y ser sinceros con vosotros mismos porque este ejercicio puede ser difícil. En efecto, debéis hacer frente a las imperfecciones que ni siquiera vosotros mismos suponéis. Perdonaros vuestros defectos, vuestros errores, vuestro pasado porque es así como avanzaréis a gran velocidad hacia el futuro que os espera.

Por que esperar al día de mañana.

Existe en el mundo dos tipos de personas: Los activos y los pasivos.

Los activos son aquellos que pasan a la acción para llevar a cabo su sueño.

Los pasivos son aquellos que no actúan y que dejan siempre lo que deben hacer para el día siguiente o mas tarde.

Dejando todo para el día siguiente y sin una acción real de vuestra arte, nada sucederá jamás. Siendo activo, tomáis el control de vuestra vida, mientras que los pasivos sufren su existencia. No debéis esperar el momento ideal, nosolo porque perdéis el tiempo, si no porque el momento ideal no llegará nunca. Por ejemplo, si estáis con la persona ideal, no esperéis tener una casa, los muebles, el coche para declararos, la espera es opuesto a la acción. Avanzad en la vida y arreglad vuestros problemas a medida que se presenten y no los anticipéis. Sabed que vuestro proyecto comporta quizás riesgos, Por ejemplo, si deseáis casaros con la persona correcta, el riesgo cero de que no os divorciéis nunca existe.

No perdáis tiempo imaginándoos preocupaciones o problemas que no se producirán quizás jamás. ¡Ahora es el mejor momentopara actuar! Mañana o mas tarde quizásserá demasiado tarde. Una idea, si no es seguida por la acción, es en vano.

No hagáis que vuestras ideas se conviertan en fantasmas, si no ponerlas en práctica, porque vuestras ideas son preciosas y pueden ser triunfos. Planificad las acciones concretas porque las ideas están hechas para ser seguidas por acciones y no las enterréis, ni las escondáis bajo una capa a causa de los miedos que os susciten, concentraos activamente en los beneficios que pueden resultar. Sabed que el único remedio eficaz contra el miedo, se llama acción.

Es por esta razón que la acción debe producirse, inmediatamente después de la idea. Prohibir en vuestro vocabulario las palabras como: "Mañana, un día, la semana que viene..." A veces, e incluso muy a menudo, debéis de hacer prueba de una gran fe. Sabed queponiéndose a trabajar inmediatamente, mostráis al universo vuestro compromiso para triunfar. A partir de ese momento, todo se pondrá en movimiento para vuestro propio equilibrio y para el éxito de vuestro proyecto. Conclusión: Seguid sin esperar y si algunas personas de vuestro alrededor dudan de vuestro éxito, estar seguros que un día seguramente os seguirán porque habéis triunfado.

A veces, algunas personas piensan que quieren algo, pero en el fondo, en realidad no lo quieren. Es por eso que antes de nada, debéis hacer un trabajo interior, investigad lo que sois realmente, encontrar vuestro ser profundo para saber exactamente de que estáis hechos. Haciendo esto, estáis seguros de que no os vais a equivocar y estáis seguros de estar en el buen camino, vuestro camino.

Estar siempre atentos a vuestra intuición y aprender a escucharos, así, nunca estaréis decepcionados. Por ejemplo, centraros en una persona, haced todo para que ella se una a vosotros, que se vuelva loca por vosotros y funcione. Os casaréis, pero no funciona como lo esperáis. Vuestra vida se convierte de repente en una pesadilla, sin embargo, estáis seguros que esa persona estaba hecha para vosotros y que era vuestra alma gemela. Ahora, os torturáis porque no sabéis como salir de esta situación.

A veces creéis que esto o aquello es mejor para vosotros, pero si habéis escuchado a vuestra pequeña voz interior, os habríais evitado este desastre y todas estas penas. En este ejemplo, la buena actitud era dejarlo pasar.

Dejándolo pasar confiáis en el universo por no podéis gestionarlo todo. Manejar todo lo que esté a vuestro alcance y dejar el resto a vuestro Dios, al universo. Si queréis dirigir todo, vuestros sueños tardarán en materializarse. Probad vuestra disponibilidad y vuestra voluntad a recibir, y ser contantes hasta el cumplimiento de vuestros objetivos. Cuando tengáis un sueño, uníos a la sensación que os causará el deseo cumplido y no a la imagen. El universo os sorprenderá porque tenéis posibilidades infinitas, y acordaos siempre de que os merecéis lo mejor. No desesperéis sobre todo si tenéis la impresión de ir hacia atrás alguna vez, es posible que deis un paso hacia atrás, pero os permitirá quizás dar dos hacia delante y ante todo en la buena dirección, Aplicad conscientemente la ley de la atracción y atraeréis hacia vosotros todo tipo de circunstancias milagrosas. Comenzad por pequeñas cosas, porque si, por ejemplo, pedís un millón de euros para la semana siguiente, vuestro subconsciente se bloqueará.

Inconscientemente pensáis, "eso no es posible." De golpe, diréis: "Eso no funciona, es una tontería", y por supuesto, eso no ocurrirá, Comenzad por un objetivorealizable y poco a poco, pretender ir a mas. Así, cuando os deis cuentaque vosotros mismos habéis atraído conscientemente pequeñas cosas, cogeréis confianza en vosotros mismos y podréis mover montañas. Es importante resaltar los resultados y asociar las emociones positivas a vuestras visualizaciones. Sobre todo no dejéis que vuestro ego tome el control porque no lo espere y no reméis contracorriente porque perderéis el tiempo. Desde que sois pequeños, habéis aprendido a dirigir vuestro barco remando con todas vuestras fuerzas contra la corriente. Acordaos, nadie es mas fuerte que la corriente.

La mayor parte de la gente dice y piensa: "La vida es difícil, la vida es dura, hay que luchar para tener las cosas, luchar para triunfar." Una actitud muy poderosa es estar en completa sintonía con vuestros sueños, disfrutando del momento presente y teniendo confianza absoluta en vuestro Dios, en el universo, en la vida. Todo será mucho mas fácil y mucho mas agradable y vuestro barco descenderá rápidamente por el rio sin esfuerzo en dirección a vuestros objetivos. Imaginad por un solo instante, que todo llega de golpe, que todo encaja exactamente como lo habéis deseado. Visto desde el exterior, la gente dirá: "Tiene suerte", pero la suerte no existe y debéis provocarla.

Cuando las cosas deseadas lleguen, no volváis a caer en vuestros miedos ni en vuestras dudas porque dejáis la puerta abierta al desastre, porque sistemática y obligatoriamente, la ley de la atracción actuará en el sentido contrario a lo que deseáis. Algunas personas tienen la capacidad de utilizar la ley de la atracción muy fácil y continuamente hasta alcanzar su objetivo. Por desgracias, muchos, bajaron los brazos, se cansaron y desmotivaron. Sed perseverantes y mantener el timón firme, porque al final del túnel, está siempre la victoria. Dejar de dar vueltas y repetir en bucle los escenarios de carencias (salud, dinero, amor, relaciones…)

Daos la oportunidad de triunfar. Si eso os parece difícil y complicado al principio, continuar avanzando hasta que vuestros esfuerzos se conviertan en costumbres y las costumbres se conviertan en vuestra forma de pensar.

Vuestro exterior es el reflejo de vuestro yo interior. Creer que lo que está en el exterior demuestra quienes sois en el interior, es la cosa mas difícil de aceptar. De hecho, atraéis lo que parecéis. Materializáis todo lo que está en vosotros (vuestras dudas y vuestros miedos) por poco que les prestéis algo de atención. Habituaros desde el momento presente a desarrollar vuestras cualidades interiores y veréis que se cumplen los milagros, vuestra vida mejora.

Cuanto masos sintáis en un estado de carencia,masatraeréis la penuria, sin importar el ámbito de vuestra vida. En el universo, hay bastante para todo el mundo y también tenéis el derecho a vuestra parte. Sabed que no todo el mundo pide y busca las mismas cosas. Algunos pedirán salud, otros una buena relación con su pareja, otros prosperidadfinanciera… El ser humano está para tener alegríasy somos inherentes a la felicidad y el amor.

Algunas personas piensan que no son suficientemente buenas: (suficientemente guapas, fuertes, inteligentes, amadas, importantes…) Todos estos miedos crean un estado de ansiedad, de stress, de pérdida, de depresión y algunas veces de abandono. Estas personas cultivan la certeza de que la carencia está en todos los ámbitos de la vida y es una realidad, y no quieren tomar decisiones importantes para no sentirse decepcionadas. Reconoceréis a esas personas porque piensan, dicen y funcionan en estado de carencia. Su estilo de frases es: "Si Dios existe, ¿por qué hay tanta miseria en la tierra?"

Contrariamente a esas personas, otros individuos quieren tener ventaja para poder dar y compartir, porque son conscientes de que una persona feliz y próspera se encuentra en mejores condiciones para poder ayudar a los otros. Además, estar en un estado de carencia solo supone estar frustrado y mucho stress. Estos sentimientos negativos provocan insatisfacción y una falta de gratitud y reconocimiento. La felicidad está delante vuestras y mientras que no la encontréis en vosotros mismo, no la encontraréis en ninguna parte. Vuestro trabajo en la tierra es convertiros en seres completos, enteros, prósperos y es completamente inútil buscar la felicidad en el exterior, porque reside en vosotros.

Sed, por lo tanto, felices, el corazón lleno de gratitud y todo os será concedido. Vuestro ego es vuestro mayor enemigo, pero cuidado, a veces puede ser útil para protegeros y es a vosotros y solo a vosotros, quien incumbe la responsabilidad de decidir si está para protegeros o para obstaculizaros.

Pero la mayor parte del tiempo os complica la vida y os da razones para inquietaros solo para probar que os es necesario. Crea muros y obstáculos imaginarios, bloqueando así vuestro acceso a la felicidad y la paz. Acordaos: Todos somos uno con el universo. Es esencial que viváis vuestros propios sueños y no los de los otros, pero cada vez que tengáis una duda se manifestaráun bloqueo externo, por lo que a veces es útil dar un pequeño empujón al destino, pero tened cuidado de no forzarlo.

Mientras estéis a los mandos de vuestro barco, si estáis en el fujo del universo, ningún esfuerzo os será necesario para ir hacia vuestro objetivo. Estar sincronizados con el universo y con vuestros deseos y aprender a detectar vuestros obstáculos. Haceros este tipo de preguntas: "¿Cómo me sentiré con la persona ideal? ¿Qué sentiré cuando haya conseguido la libertad financiera? ¿Qué sentiré cuando haya recobrado mi salud?"

Mientras que os preguntéis por que no tenéis éxito financiero, por que estáis solos, por que siempre estáis enfermos... Si vuestras preguntas os llevan a un sentimiento de tristeza, de carencias, o de frustración, os bloqueáis. Es fundamental escribir de forma regular vuestros objetivos porque a medida que avancéis, se producirán cambios y deberéis actualizar vuestros sueños. Cuando os hagáis preguntas, comenzad por "como" y no por "por que". El "por que" no aporta las respuestas, mientras que el "como" activa el proceso para ayudaros a encontrar soluciones.

No es siempre necesario hablar porque nuestro cuerpo y nuestra energía hablan por nosotros. Los caballos, por ejemplo, no se comunican mediante sonidos. Los intercambios entre ellos se hacen utilizando el lenguaje corporal y una energía muy sutil, e igual ocurre con nosotros. Si una persona que busca trabajo se presenta con la espalda encorvada y expresión de derrota ante un reclutador, es seguro que su Curriculum Vitae irá directamente a la papelera.

Todos los seres humanos comunican con las palabras, pero el discurso mas elocuente es con la energía que se emite y el lenguaje del cuerpo. Mirad el andar de una persona que tiene confianza en sí mismo y el de alguien que no tiene ninguna seguridad y divertíos observando en la calle a las personas con las que os cruzáis, después mirar su actitud. Estar muy atentos a vuestra fisiología por dice mucho de vosotros.

Capítulo 16: La paciencia

No seáis impacientes cuando vuestros deseos tarden tiempo en concretarse. El universo evoluciona a gran velocidad y el ser humano es incapaz de seguir el ritmo. Es,por lo tanto, necesario aprender a tener paciencia, algunas cosas llevan su tiempo en conseguirse y vuestra mente necesita tiempo para adaptarse a un cambio, a veces, radical. Dejadlo que siga su camino, estar seguros y persuadidos que todo llegará en el momento adecuado porque es seguro que no podéis recibir mas de lo que podéis gestionar. Los pequeños actos anodinos que no os parecen importantes, fortalecen los cimientos de vuestro triunfo. Cuidar vuestro cuerpo si deseáis una salud perfecta, ocupaos de vuestras finanzas lo mejor que podáis (incluso si son catastróficas), cambiad vuestro interior (si hay cosas que cambiar) para tener relaciones sanas y florecientes.

Cuanto tengáis un deseo, podéis modificarlo a medida que vayáis avanzando, pero no seáis una veleta cambiando de dirección sin parar, porque si actuáis así, la manifestación de vuestro deseo se ralentizará. Antes de querer algo, reflexionar bien lo que deseáis realmente. Vuestro o vuestros deseos deben estar en total acuerdo con vuestro corazón y vuestros deseosprofundos, porque a veces las cosas tardan tiempo en llegar. Esto no es para que os molestéis, si no mas bien para que aprendáis algunas cosas y podáis llegar mas lejos en la vida.

Sabed que cuando tenéis una lección de vida por aprender, y no habéis aprendido la lección, está volverá a vosotros de una forma u otra, pero mucho masdura, hasta que comprendáis la moral. Frente a un fracaso, tomar el tiempo para analizarlo y preguntaros porque estáis experimentando lo que os sucede ¿Qué tipo de aprendizaje saco de todo esto?

Los retos son un maravilloso índice para mostraros que es lo que probablemente tenéis que modificar en vuestras costumbres. Si vuestro comportamiento y vuestras elecciones no cambian, si hacéis las mismas cosas que antes, nada podrá cambiar en vuestra vida. ¿Es que las antiguas costumbres os han aportado lo que deseáis? Si sí, no cambiéis nada, pero si la respuesta es no, tomar el tiempo para analizar vuestras acciones pasadas y, modificarlas.

Una de mis amigas mas cercanas, se casó en primeras nupcias con un hombre encantador que resultó ser un perverso narcisista. Después de muchas tribulaciones y sufrimientos, consiguió separarse. Mas tarde, encontró de nuevo un chico tan encantador como el precedente que, como el anterior, resultó ser un perverso narcisista. Como no conocía entonces la ley de la atracción, me hice muchas preguntas. No comprendía porque había atraído dos veces al mismo tipo de persona.

Reflexioné mucho sobre todo esto y deduje que, entre estas dos relaciones, ella no se había, quizás, dado el tiempo para sanar. Estaba atraída por ese tipo de hombres (ignoro por que) y ellos, por supuesto, estaban atraído por ella. A continuación, ella tomó su tiempo para reflexionar sobre todo eso, aprendió la lección y actualmente, es feliz.Si hubiera continuado corriendo de forma precipitada, sin reflexionar, sin analizar el por quedecomo, habría perpetuado este tipo de relación tóxica todavía. Entre nosotros, es mejor comprender las enseñanzas de golpe. Esta amiga en cuestión había sufrido un trauma en su infancia y buscaba la imagen de su padre en su vida adulta. Si siempre reproducís la misma cosa, también debéis buscar e identificar la fuente de vuestros "fracasos".

Si deseáis cambiar algo que no funciona en vuestra vida, sed sinceros con vosotros mismos y haceros las preguntas correctas sobre vuestro pasado para encontrar lo que podría estar en el origen de todas vuestras preocupaciones.

Haciendo hincapié en las raíces del problema que reproducís en vuestra vida, desactiváis todo el proceso. Y esto en todos los ámbitos de vuestra vida (amor, trabajo, relaciones, espiritualidad, salud, dinero...) Tomad el tiempo, no luchéis contra vuestras malas costumbres y no os veáis afectados, porque cuanto mas luchéis contra esa herida, menos podréis curarla. No intentéis, tampoco, eludir el problema, pero afrontarlo de frente, tranquila y posadamente y en retrospectiva como si la observaseis desde el exterior. Vedla como si estuvierais delante de un televisor, como si fuerais el espectador. No tengáis miedo de afrontar vuestros miedos, pero hacerlo siempre con serenidad y haced prueba de humildad frente a vuestro ego, por que saber que quiere controlar todo.

Incluso utilizando la ley de la atracción, teniendo una fe inquebrantable, habrá siempre situaciones difíciles y obstáculos a superar, porque la vida no es un rio tranquilo. Es la ley de la evolución, y es de esta manera aprendemos y mejoramos, Mirad hacia atrás y ved todo lo que ya habéis superado con éxito. Incluso si los retos han sido a veces difíciles, todavía seguís ahí y habéis crecido personal y profesionalmente. Para aprender a caminar, a ataros los cordones, a montar en bicicleta, ¿cuántas pruebas y caídas han sido necesarias? Sería interesante que hicierais la lista de vuestros éxitos pasados, porque si habéis sido capaces de vencer en el pasado, seréis capaces de hacerlo de nuevo. Acordaos: Lo que habéis aprendido, lo que vivís o lo que todavía tenéis por experimentar, otras personas ya lo han vivido, ya han recorrido ese camino y han superado los mismos obstáculos. Las soluciones están en todas partes, existen, buscarlas y sabed que para cada situación, no existe una solo posibilidad. Tened la mente abierta para que no se bloquee el flujo de la abundancia que se dirige hacia vosotros.

Para la mayor parte de la gente, la cosa mas difícil a hacer consiste en dejarse ir.

La renuncia a la espera acelera el proceso de la ley de atracción y a veces, el resultado no es el que esperábamos. Tened confianza y tened fe. Por ejemplo: Postuláis a un empleo que os parece ser el mejor que nunca jamás vais a encontrar, os preparáis para la entrevista y la entrevista con el reclutador es un éxito. Os han hecho saber que estáis hecho para ese puesto... Esperáis la respuesta, y esta... ¡Gran decepción! El reclutador ha elegido a otra persona (yo misma lo he vivido). Le dais vueltas, maldecís, porque sabíais que esta oportunidad era única y os habíais convencido que este puesto era para vosotros. Poco tiempo después, otra ocasión que es diez veces masinteresante que la anterior se presenta. Déjate ir y dejar que las cosas sucedan, relajaos y tomar el tiempo para meditar, para encontrar la respuesta que buscáis. La consciencia superior es el lugar donde todos los pensamientos se juntan y donde numerosos artistas, científicos, y creadoresdesarrollan sus ideas. Debéis siempre persuadíos de que os merecéis lo mejor. Cuanto mas vayan vuestros pensamientos en ese sentido, mas rápido y fácilmente los recibiréis porque podéis atraer los milagros. La buena noticia es que eso se aprende. Entrenad, por lo tanto, a utilizar la ley de la atracción en todos los ámbitos de vuestra vida y acordaos que todo ésta en vosotros, Podéis cambiar todo. Vuestro cambio interior acelera el materialismo de vuestros deseos.

En este momento de la lectura, habéis comprendido cuales son vuestras emociones, vuestras vibraciones y vuestra energía positiva que atraen hacia vosotros ideas, las personas y circunstancias adecuadas que os ayudarán a cumplir vuestros sueños. Debéis estar alienados con vuestro ser profundo, Einstein dijo: "Ninguna energía se pierde, simplemente se transforma." Cuanto mayor y mas positiva sea vuestra vibración, mas rápido se cumplirán vuestros deseos. Para algunas personas, las emociones positivas no son innatas, deberéis, por lo tanto, desarrollarlas mediante la práctica.

Poned todos los activos de vuestro lado: comer bien, descansar, hacer ejercicio, beber agua, escuchar música inspiradora, meditar, leer libros, ver películas divertidas o reportajes interesantes, caminar, y por supuesto, evitar el alcohol, las drogas, el tabaco y todo tipo de excitantes o relajantes. Desarrollad también al máximo el amor, el perdón, la gratitud. El amor es el sentimiento mas poderoso y está en el origen de los milagros. El amor es como la fe, se cultiva como una semilla que debéis regar cada día si queréis que crezca, que florezca y se desarrolle. Mientras haya amor, todos los sentimientos negativos desaparecen igual que como la luz reemplaza a la oscuridad. Sustituid vuestros sentimientos de cólera, de amargura por emociones de compasión. Desarrollar esencial y absolutamente el amor por vosotros mismos, si ese no es el caso, no podréis materializar vuestros deseos. La falta de estima en sí, es completamente destructor en lo que concierne a la ley de atracción, por lo que os tenéis que decir siempre que merecéis la felicidad. Para eso, tomar el tiempo para cuidar vuestro cuerpo y espíritu y no dejéis que la negatividad de los otros os rodee. Ir a pasearos por la naturaleza y pensad en practicar meditación, avanzando en este proceso de amor en sí mismo, hacia el amor incondicional hacia sí mismo, solo podréis atraer experiencias maravillosas. Dijo: "No hagas a los otros lo que no te gustaría que te hagan." Y yo os digo también: "No os hagáis a vosotros lo que no os gustaría que los otros os hicieran." ¿Como os gustaría ser tratados, ya sea por vosotros como por los demás? Dejad de flagelaros por la crítica y animaos continuamente. No seáis tacaños con los cumplidos hacia vosotros mismos y aprender a conoceros siendo indulgentes. Ser conscientes de que no sois perfectos y que ningún ser humano es perfecto y cada persona es única. Aceptaos tal y como sois, sabiendo que estáis en este planeta para aprender y mejorar. Estáis siempre escuchando a vuestro cuerpo, porque las pequeñasdolencias pueden ser señales de alerta.

También debéis aprender a acercaros a los demás, porque mientras no te ames a ti mismo, será mucho mas complicado amar a vuestro prójimo y apreciar a vuestros semejantes. Entrenaos a tolerar a los otros, así como sus defectos. Acordaosque cada ser humano forma parte del universo y que el amor es un sentimiento sanador.

Para activar la ley de la atracción, el amor y la gratitud son las emociones mas poderosas. Estar siempre agradecidos por todo lo que tenéis. Incluso si tenéis la impresión de tener carencias, mirad bien a vuestro alrededor y os daréis cuenta de que tenéis mas de lo que necesitáis. Cuando tengáis el corazón lleno de gratitud y agradecimiento por un bien que hayáis recibido, multiplicáis por diez el poder de la atracción. De hecho, atraéis mas beneficios.

Os propongo un ejercicio para hacer, que es extremadamente poderoso: La noche antes de acostaros, hacer el balance de vuestra jornada. Compraos un bonito cuaderno que podáis personalizar para hacerlo mas atractivo. Cada día, escribid diez experiencias vividas o cosas que habéis recibido por las cuales habéis sentido gratitud. Incluso, si no ha pasado nada extraordinario, debéis siempre agradecer por todo lo que os rodea (vuestra salud, vuestra familia, el dinero que tenéis, vuestra casa, la naturaleza, vuestros ojos que pueden ver, vuestras manos que pueden tocar, el agua, la electricidad, vuestros muebles...) Tenéis a vuestro alrededor, incluso si no les prestáis mucha atención, millones de cosas por las que podéis estar agradecidos. Por ejemplo, la salud os permite sentiros bien, el dinero os permitecompraros lo que os gusta o ayudar a otros, la electricidad os permite cocinar los alimentos, etc...

Haced este ejercicio cada día y veréis los milagros que se cumplen.

Es mucho mas eficaz hacerlo por escrito, y haciendo este ejercicio, sentiréis realmente la emoción de la gratitud, porque las experiencias positivas se llenan de sentimientos positivos. Debéis estar llenos de verdadera felicidad cada vez que enumeréis algo por lo que estáis agradecidos. Soy consciente de que para algunos, es difícil, al igual que el perdón, dar las gracias. Sin embargo, es extremadamente importante pronunciar esa palabra mágica, porque realmente es una palabra mágica. Desde que abrís los ojos por la mañana, dar las gracias por todo lo que habéis recibido y que vais a recibir. Estar agradecidos por tener el privilegio de abrir los ojos cada mañana, porque eso en sí ya es un milagro. Cada día, un número de personas no tiene la surte de tener un día de mas para vivir nuevas experiencias y ser mejor. Cada día, tenéis miles de cosas por las cuales podéis decir gracias.

Ya habéis escuchado la expresión: Levantarse con el pie izquierdo significa que el día comienza mal, y eso os pone de mal humor, Fijaos como pasan los días desde que os levantáis, como se dice, con el pie izquierdo. Ese día, podéis estar seguros quela jornada será horrible. Sin embargo, solo hay que cambiar vuestra energía desde que algo va mal y veréis inmediatamente sucesos positivos a lo largo del día. Divertíos también, sentir la gratitud por aquello que mas os falte. Debéis agradecer como si ya lo hubierais recibido, Cuanto mas tiempo tardéis en apreciar lo que ya tenéis, mastardaréis en recibir aquellas cosas que queréis. Practicar el agradecimiento a lo largo del día, en los pequeños detalles y las experiencias positivas llegarán a vosotros de forma exponencial.

CAPÍTULO 17: El perdón

Al igual que es crucial aprender a ser agradecido, es primordial cultivar el perdón. Si sentís rencor, cólera, incluso odio por una persona, sabed que os estáis envenenando vosotros mismo, inyectando el veneno en vuestro corazón porque todos esos sentimientos son veneno. Sé y comprendo que puede ser difícil perdonar, pero es lo correcto. Cuando perdonáis, es a vosotros mismos a quien os está beneficiando porque es un maravilloso regalo que os hacéis. Perdonar os permite liberaros de vuestras actitudes limitadoras y os da los medios para revelar vuestro verdadero potencial, porque la ausencia de perdón es una total pérdida de tiempo y de energía. Consagrad vuestro tiempo a crearos una vida mejor. El hecho de que estéis enfadado con alguien no impedirá vivir su vida tranquilamente, incluso sin pensar en vosotros, mientras que a vosotros os corroe machaconamente el mal que os ha hecho. Además, una persona que ponga en práctica el perdón es mucho mas fácil vivir, que con alguien que no perdone, porque se hace daño a sí misma, también afecta a su alrededor y las consecuencias para todos son penosas: Malestar, culpabilidad, rencor, disputas... Para algunas personas, el perdón puede ser considerado como un acto de valentía, mientras que para otros es un signo de debilidad. Os aseguro, no es ningún signo de fracaso, porque el perdón es la unión de valentía y de humildad. Decidir desde hoy mismo no sufrir, porque la falta de perdón es un verdadero dolor. Nadie puede borrar el pasado, pero el resentimiento, el rencor, el odio son extremadamente destructores. Cuando una persona os ha hecho daño, es legítimo que os enfadéis y vuestra agresividad, así como vuestro odio son necesarios en un primer momento, pero, sobre todo, no dejéis que esos sentimientos perduren. En efecto, el hecho de culpar al agresor y no a vosotros mismos, es un signo de buena salud síquica.

202

A veces sucede que nos enfadamos por pequeñas nimiedades que se convierten en ridículas. De vez en cuando es mejor tragarse el ego.

Algunos sentimientos son muy violentos y si no dirigís estas emociones contra vuestro ofensor, os arriesgáis a que se vuelvan contra vosotros mismos y precipitar un proceso de autodestrucción. A menudo sucede en los niños pequeños que han sufrido maltrato, y cuando crecen, el sentimiento de culpabilidad es asfixiante. Es indispensable, si la situación vivida se convierte en insoportable y dolorosa, trabajar sobre uno mismo: Explayarse en un folio, consultar a un sicoterapeuta, o hablar con alguien con quien tengáis total confianza. La cólera, el resentimiento o incluso el odio son un cortafuegos para sobreponerse a una agresión, sin importar la que sea, pero es importante no estancarse en esas emociones dolorosas demasiado tiempo, porque a largo plazo pueden llegar a ser devastadoras. Por supuesto, perdonar no significa empezar de nuevo. Para algunas personas, el perdón es fácil, mientras que otras necesitarán mas tiempo, pero no dejéis que esta herida se infecte. El proceso del perdón es una batalla a ganar. Que fácil es cultivar un sentimiento de injusticia, una reacción de venganza cuando habéis sido traicionados, herido, calumniado o agredido. Para mí, esto es comprensible, pero sé que el perdón está por encima de la venganza, porque aporta vida y esperanza. Existe una imagen que representa a dos soldados delante de un monumento conmemorativo. Uno le pregunta al otro; "¿Has perdonado a aquellos que te hicieron prisionero?" El segundo soldado respondió: "¡No! ¡Nunca!" Sobre esto, el segundo dijo: "Entonces, ¡todavía eres prisionero!" La lección de todo esto es que si no se perdona, sois prisioneros de aquello que os ha herido y no es bueno para vosotros, ya que os hace sufrir una doble pena. Mientras que los sufrimientos o las penas tienen tendencia a ocupar todo el espacio de vuestra mente, que tenéis la impresión de estar en un agujero negro, que os sentís como perdidos en el camino de vuestra vida, entonces, deja atrásel agravio porque no os pertenece.

Se puede comparar el perdón con elluto. Hay dos etapas obligatorias,mas o menos largas, según los individuos. Esto puede ser un proceso largo y difícil, pero acordaos siempre que el perdón es un acto liberador para la persona que perdona. Debéis abrir esta puerta que lleva al perdón para poder recuperar vuestra vida. Elizabeth Smart era un joven de 14 años que vivía en Salt Lake City (Utah). Una noche, fue raptada de su habitación por una pareja. Después de haber sufrido todo tipo de abusos durante nueve meses, logró escaparse. Su madre le dijo esta frase memorable, "no dejes nunca que nadiese adueñe de tu vida". Recuperad vuestra vida y no dejéis que vuestro nuevo verdugo controle vuestros pensamientos, vuestras emociones y vuestra existencia. No estáis obligados a vivir con vuestro verdugo permanentemente, porque eso que estáis haciendo ahora es repetir continuamente el daño que os han hecho. Permitís a la persona que os ha hecho daño continuar haciéndoos daño incesantemente. No podéis permitir a vuestro "torturador" ser parte de vuestra vida y dirigirla, porque es demasiado honor el que le estáis haciendo. Vosotros sois responsables de la dirección que vais a tomar, por lo que dejar de lado a las personas que os han hecho daño en su vileza. Un hombre, golpeado por su padre durante toda su infancia, vivió toda su vida enfadado y rehuyendo el contacto. Incluso cuando supo que su padre tenía un cáncer, rechazó verle. Algunos días antes de su fallecimiento, entendió que si no daba el paso para el perdón, permitiría a su padre triunfar sobre él, incluso después de su muerte. Por lo tanto, fue a verle antes de su muerte, porque rechazaba que el odio rigiera sus emociones. Debía hacer las paces con su padre y consigo mismo. Abandonó todos sus sentimientos negativos hacia su padre y así encontró la liberación y la curación.

Algunas personas se sirven de su cólera, de sus resentimientos y de su odio como una muleta que les permite avanzar mas bien que mal. Hay que comprender que el perdón, no es poner excusas al otro, ni al mal que os han hecho.

A menudo lo mas duro a olvidar son los malos sentimientos que experimentamos cuando alguien nos ha hecho daño, también aquellos de nuestras propias debilidades pasadas que continuamente nos atormentan. Sin embargo, para nuestro propio bien, debemos tener la valentía moral de perdonar. Nunca el alma ha sido mas noble y masvaliente que cuando perdonamos. Esto incluye perdonarse a sí mismo. Perdonar con la boca pequeña no es suficiente. Tenemos necesidad de purgar nuestro corazón y nuestra mente de sentimientos y pensamientos amargos y dejar que la luz y el amor entren, lo que llena nuestra alma de la alegría que acompaña la paz divina de la consciencia. El perdón nos libera del veneno del rencor para dejar lugar a la paz de la que tanto tenemos necesidad.

Dejadme que os comparta la historia de una mujer maravillosa que se llamaba MaïtiGirtanner. Estuvo comprometida toda su vida con el deseo de perdonar. En 1944, cuando fue arrestada por la Gestapo, tenía 18 años y tenía un papel en la resistencia haciendo pasar a decenas de personas a la zona libre. Considerada como una terrorista por los nazis, fue detenida y encerrada en el sótano de una gran casa con una quincena de personas. Allí, fue entregada a las manos de Leo, un joven médico nazi de 26 años, reclutado por la Gestapo para eliminar a los "terroristas" con las técnicas de tortura mas sofisticadas.

Los que estaban detenidos con ella y ella misma serían cada día, golpeados sistemáticamente con garrotes. Sus compañeros de infortunio murieron y ella fue salvada in extremis por la Cruz Roja. Tras su liberación, Maïti pasó mas de un mes en el hospital. Su cuerpo quedó para siempre marcado por los golpes recibidos. Debió aprender a vivir con dolores constantes y las secuelas nerviosas fueron tan importantes que no pudo nunca mas tocar el piano. Debió renunciar a su sueño y durante algunos años lloró de rabia y de pena cuando escuchaba a alguien tocar el piano. Esta verdad fue muy difícil de aceptar.

Tampoco pudo tener hijos, entonces puso toda su fuerza en Dios, porque sabía que el amor es mas fuerte que el odio. Con un bagaje como este, debió reconstruirse. Cuarenta años mas tarde, en 1984, se encontró con su verdugo, fue a verla para pedirle perdón y Maïti le perdonó, A veces el perdón tarda mucho tiempo.

¿Cómo saber si habéis realmente perdonado? Cuando ya no sentís ni rencor ni cólera hacia la o las persona/s que os hecho sufrir y cuando todo sentimiento de culpabilidad haya desaparecido, entonces sabréis que habéis perdonado. A partir de ese momento, la paz, el bienestar, y la serenidad invadirán vuestro corazón. Perdonar a los otros es a veces complicado, pero es indispensable aprender a perdonarse a sí mismo por los errores cometidos. Si no os desembarazáis rápidamente de vuestros sentimientos de culpabilidad esto supone un freno para vuestro éxito. Imaginad que vais de excursión y que llenáis la mochila de cosas inútiles y pesadas, como por ejemplo, grandes piedras. Primero, las piedras no servirían para nada y en segundo lugar vuestro viaje resultaría tedioso y podrían rápidamente transformarse en un verdadero infierno. Es lo mismo para vuestro viaje en la vida, deshaceros de todo lo que es inútil. Dejad de juzgar las acciones pasadas, porque cuando habéis tomado ciertas decisiones, en el momento en que las tomáis, estar seguros que eran la mejor opción.

CAPITULO 18: La intención

Desde que os despertáis, establecer vuestras intenciones para toda la jornada. La intención es un gran poder y es una manera poderosa de utilizar la ley de la atracción. Así, enunciando vuestra o vuestras intención/es para el día, atraéis hacia vosotros la manifestación consciente por el poder de la intención, que es la raíz de la ley de la atracción. Es una fuerza dinámica que abre la puerta a la generación de energía, Por lo tanto, sed creativos para acercaros a vuestros sueños. Practicar la bondad hacia los otros sin esperar nada a cambio, porque vuestra amabilidad hará crecer vuestro amor propio, vuestro poder de atracción será positivo. No busquéis siempre tener razón. Juliette Allais, sicoanalista dice: "Detrás de un adulto que se percibe como arrogante, hay un niño herido a escuchar. Si no, es difícil comprender porque insiste en lo que nos parecen nimiedades" A veces es muy difícil admitir que está equivocado y que quiere imponer su opinión. Os voy a contar una pequeña alegoría para ilustrar el desgaste que puede estar ocasionado por el simple hecho de siempre querer tener la razón:

El demonio caminaba a lo largo de un camino a través de dos grandes haciendas en las que los agricultores se afanaban por recoger la cosecha.

Se dijo: "Voy a plantar un poco de lo que los humanos les gusta tanto: ¡Tener siempre la razón!"

Se puso un sombrero, en que la mitad era verde y la otra amarilla.

- Si queréis encontrar un tesoro, ¡seguidme! Gritó a los agricultores

Después se encondió detrás de un árbol. Los trabajadores corrieron hasta el sendero.

- Vamos a seguir al hombre del sombrero verde, dijeron los hombres del campo de la derecha.
- Nos queréis engañar, ¡debemos seguir al hombre que llevaba un sombrero amarillo!gritaron los hombres del campo de la izquierda.
-

El conflicto aumentó. Una media hora mas tarde, los agricultores se habían olvidado del tesoro y se estaban matando entre ellos, para saber quien tenía razón en cuanto al color del sombrero.

A veces no es siempre útil tener razón en cosas fútiles, es por este motivo que surgen los conflictos. No os quedéisencerrados en vuestro propio universo, sin comprender el universo del otro. En la historia mencionada mas arriba, los agricultores de la derecha veían el sombrero verde, mientras que los agricultores de la izquierda veían el sombrero amarillo. Cada uno tenía una perspectiva diferente. Lo que creéis no es inquebrantable. La toma de consciencia puede hacer que se derrumben vuestras creencias, es lo que llamamos la evolución. A veces, es prudente cuestionarse. No hagáis de vuestro mundo un mundo cerrado y limitado porque una persona que tenga una menteabierta, verá abrirse numerosas puertas en su vida. Sin embargo, hay opiniones que valen la pena ser defendidas. Galileo descubrió que la Vía Láctea se componía, en efecto, de numerosas estrellas invisibles al ojo humano, que la luna presentaba irregularidades y, sobre todo, vio cuatro pequeños cuerpos girando alrededor de Júpiter, como la luna alrededor de la Tierra, reproduciendo un sistema solar en miniatura: Les llamó "planetas medicinales". Toda su vida defendió sus ideas, porque sabía que eran ciertas y tenía la prueba. Fue condenado por un tribunal por esto.

Durante su proceso, después de una defensa tenaz, se pronunció a propósito del movimiento de la Tierra: "Eppure si muove" ("Y sin embargo, gira")

Estar siempre en armonía con vosotros mismos y con los demás. Adquiriréis muchamas fuerza si estáis en calma y serenidad ante cualquier circunstancia. Ser conscientes de los milagros que atraeréis si os convertís en el maestro de vuestros sentimientos y de vuestras palabras. Manteneos humildes y asombrados como un niño pequeño, y dejad que el universo se ocupe del resto. Estar abiertos a los prodigios buscando la belleza en todo lo que os rodea y sabed que todas las respuestas se encuentran en vosotros. Yo me repito cada día algunas frases que me ha ayudado y que quizás podrán ayudaros en vuestro camino: "Soy capaz de convertir el plomo en oro", "deseo a todos los seres humano que viven en la Tierra lo que deseo para mí misma.", "Dios es el creador de mis riquezas. Todas esas riquezas están en mí ahora…" Delante del espejo, varias veces al día, lo digo en voz alta: "Amor, salud, riqueza, triunfos.

Formáis parte integrante de la naturaleza. Como ella, tenéis la capacidad de expandiros. Estar siempre integrados en vosotros mismos y hacia los otros, para que os aproximéis a vuestra fuente de energía donde podréisdibujar todo lo que tengáis necesidad y atraer vuestros deseos. Tendréis siempre respuestas a vuestras preguntas y a vuestros retos. Sed generosos, porque creéis en la abundancia y dando, dejáis sitio para recibir dones, porque la generosidad atrae la generosidad, al igual que la carencia atrae a la carencia. Noos dejéisganar por vuestro egosi no os convence, puesto que la vida es dura y difícil, o que debéis luchar permanentemente para tener, lo que no sería mas que un poco de paz y felicidad.

Salid de vuestra zona de confort, y de todas esas costumbres que no os han aportado nada de bueno hasta el momento. Es, a veces, extremadamente difícil salir de esta zona, de esos límites que nos hemos impuesto desde hace años porque si damos un paso hacia delante, vamos hacia lo desconocido y lo desconocido es para nosotros, sinónimo de miedo y de peligro.

¿Estáis acostumbrados a estar estresados por los problemas? ¿Inquieto? ¿Preocupado? Al cabo de los años, todos estos estados se han convertido en vuestra zona de confort. ¿Os sentís bien con las dificultades o satisfecho en esa zona? ¿Qué podéis perder saliendo de esa zona? Por supuesto, hace falta un cierto valor para salir, pero una vez que habéis dado el paso, aprenderéis que lo desconocido está compuesto de éxitos, de logros, y de experiencias extraordinarias. No temáis por el éxito y no lo saboteéis. Experimentando esta posibilidad, os acostumbraréis a la prosperidad. Vuestra zona de confort debe convertirse en alegría y serenidad. A lo largo de vuestra vida, os veis empleados en practicar el arte preocuparos e inquietaros. Cambiad vuestros anclajes si hasta el momento presente no os ha aportado mas que molestias, descontento o carencias. Dejar de lado el stress y la preocupación si deseáis avanzar. Hacer explotar vuestros límites y no os enraicéis en vuestros antiguos miedos y costumbres negativas. Sabed también que todo lo que habéis vivido antes, no ha tenido ninguna incidencia sobre vuestro futuro. Sois vosotros quienes decidís vuestros sentimientos y emociones porque nada ni nadie externo a vosotrospuede controlar vuestro interior.

Mis últimos consejos.

Continuar practicando el amor, la gratitud, y el perdón porque son fuerzas energéticas prodigiosamente poderosas. Estar siempre atentos a todo lo que os rodea disfrutando del momento presente. Agradecer cada día al cielo por todos las ventajasque recibís, que ya habéis recibido y que aun tenéis que recibir. Perdonad todas las ofensas que habéis recibido y sed indulgentes con vosotros mismos, perdonándoos todos vuestros comportamientos negativos pasados. Amar todas las creaciones de Dios, sea cuales sean, y tomar el tiempo para vosotros mismos practicando la meditación diaria. Estameditación diaria alimentará vuestra alma y estaréis así conectados a la abundancia del universo. Con la realización de vuestra meditación, conoceréis todas las respuestas de las que tenéis necesidad. Sed perseverantes en la práctica diaria de la meditación, No os pongáis ningún límite, porque sois un ser con un poder ilimitado y no os infrinjáis daños inútiles. Vosotros estáis al mando de vuestra vida y sois responsables de todo lo que atraigáis. Tenéis el poder de atraer y concretizar vuestros sueños. Si os bloqueáis en alguna parte de vuestro aprendizaje, os aconsejo y os pido que releáis este libro tranquilamente, deteniéndoos en cada principio para poderlo poner en práctica.

Dormir bien es muy importante, acostaos pronto y levantaos pronto, todo lo que podáis dormir antes de medianoche es reparador. Tenéis necesidad de levantaros por la mañana con la mejor de las energías.

Para la pérdida de peso, deciros antes de cada comida o cada vez que tengáis la intención de comer lo que sea: "Todo lo que como o bebo me mantiene en buena salud y mi estómago está satisfecho con la mitad de lo que como habitualmente."

Para dominar vuestros pensamientos, tomad cada día una decena de minutos donde no os molesten. Instalaos cómodamente y haceros una imagen mental precisa de lo que queréis ser, convertíos o tener, para atraer lo que deseéis en vuestra experiencia. A continuación, concentraos en esta representación física hasta que estéis sumergidos por una poderosa emoción. No hay nada que no podáis ser o tener. Diez o quince minutos por día para reunir pensamientos positivos asociados a poderosas emociones, y atraeréis situaciones y eventos que corresponden a lo que deseáis. Haceos una visión de vuestro futuro, imaginaos en vuestra vida futura como si ya la tuvierais.

Os deseo que creéis la mejor vida, aquella que os merecéis, una vida mágica, llena de experiencias extraordinarias y de prodigios.

Ahora, ¡ya estáis preparados para recoger!

A PROPÓSITO DE LA AUTORA

Después de años "errando", como un velero navegando sobre el agua sin rumbo ni brújula, la autora ha logrado la paz, interior y la abundancia en su vida. Mucha insatisfacción, frustración le han llevado al deseo firme de cambio. La autora ha decidido compartir con las personas que deseen mejorar y transformar su vida, lo que ella ha aprendido.

Ella os guiará hasta vuestra autenticidad, hasta vuestra causa la mas noble.

VUESTRAS ANOTACIONES PERSONALES

VUESTRAS ANOTACIONES PERSONALES

VUESTRAS ANOTACIONES PERSONALES

Printed in Great Britain
by Amazon